AF634261

btb

Die Bindung an die Eltern ist die einzige Beziehung, die wir uns nicht aussuchen können. Klug und zugänglich schildert die Philosophin Barbara Bleisch diese existentielle und zugleich komplizierte Verwandtschaftsbeziehung und geht den Fragen auf den Grund, die jeden beschäftigen und macht deutlich, was Kinder im Guten wie im Schlechten an ihre Eltern bindet. Dabei plädiert sie für eine Änderung der Blickrichtung: Wenn wir uns fragen, wozu wir unseren Eltern verpflichtet sind, sollten wir nicht zurück in die Kindheit blicken, sondern in die Zukunft. Denn immerhin wird uns die Bindung zu den eigenen Eltern unser gesamtes Leben lang begleiten. Barbara Bleisch zeigt, dass aus diesem Umstand keinerlei Pflichten erwachsen – dass es aber gute Gründe gibt, sich um die Beziehung zu unseren Eltern zu bemühen.

BARBARA BLEISCH, geboren 1973, lebt mit ihrer Familie in Zürich. Sie ist als wissenschaftliche Mitarbeiterin am Ethik-Zentrum der Universität Zürich tätig und leitete unter anderem die Advanced Studies in Applied Ethics, in denen sie heute noch als Dozentin tätig ist. Von 2017 bis 2019 war Bleisch akademischer Gast am Collegium Helveticum der Universität Zürich, der ETH Zürich und der Zürcher Hochschule der Künste. Seit 2010 moderiert sie die Sendung »Sternstunde Philosophie« beim Schweizer Radio und Fernsehen SRF, als Kolumnistin schrieb sie für das »Philosophie Magazin« und den Tages-Anzeiger / Der Bund.

Barbara Bleisch

Warum wir unseren Eltern nichts schulden

btb

Der Verlag behält sich die Verwertung der urheberrechtlich geschützten Inhalte dieses Werkes für Zwecke des Text- und Data-Minings nach § 44 b UrhG ausdrücklich vor. Jegliche unbefugte Nutzung ist hiermit ausgeschlossen.

MIX
Papier | Fördert gute Waldnutzung
FSC® C014496

Penguin Random House Verlagsgruppe FSC® N001967

11. Auflage
Genehmigte Taschenbuchausgabe Juli 2019
btb Verlag in der Penguin Random House Verlagsgruppe GmbH,
Neumarkter Straße 28, 81673 München
produktsicherheit@penguinrandomhouse.de
(Vorstehende Angaben sind zugleich
Pflichtinformationen nach GPSR)

Copyright © Carl Hanser Verlag München 2018
Lizenzausgabe mit freundlicher Genehmigung der
Carl Hanser Verlag GmbH & Co. KG, München
Umschlaggestaltung: semper smile, München,
nach einem Entwurf von Birgit Schweitzer, München
Umschlagmotiv: © photoeverywhere/Fotolia
Druck und Einband: GGP Media GmbH, Pößneck
JT · Herstellung: sc
Printed in Germany
ISBN 978-3-442-71809-2

www.btb-verlag.de
www.facebook.com/penguinbuecher

»Das höchste Abenteuer besteht nicht im Sich-Verlieben; es besteht im Geborenwerden.«

GILBERT KEITH CHESTERTON

»Emanzipieren, *von lateinisch* emancipare. *eigentlich einen erwachsenen Sohn oder einen Sklaven aus der väterlichen Gewalt in die Selbstständigkeit entlassen.«*

DER DUDEN, 2017

»No man is an island.«

JOHN DONNE

INHALT

1 EINLEITUNG

»Die Philosophie kann uns zwar nicht mit Sicherheit sagen, wie die richtigen Antworten auf die gestellten Fragen heißen, aber sie kann uns viele Möglichkeiten zu bedenken geben, die unser Blickfeld erweitern und uns von der Tyrannei des Gewohnten befreien.«

BERTRAND RUSSELL[1]

Alle haben Familie. Und die Beziehung zur eigenen Familie ist gewiss nicht immer leicht. Kürzlich erst hat mir ein Freund erzählt, wie schwierig sein Verhältnis zu seinen Eltern ist. Er war nicht der Erste und wird sicher nicht der Letzte sein, von dem ich so etwas höre. Mein Freund und seine Frau arbeiten beide gern und viel. Seine Eltern werfen ihm seit einiger Zeit vor, seinem Kind keinen geregelten Alltag zu bieten. Vor allem behaupten sie, der Junge leide unter der Trennung von seiner Mutter, die viel zu oft abwesend sei. Die Mutter meines Freundes kann außerdem nicht verstehen, warum Frauen heutzutage eigentlich immer alles haben müssten.

Mein Freund ist die ständigen Sticheleien leid. Er hat schon überlegt, einfach länger nicht mehr zu seinen Eltern zu fahren. Gleichzeitig will er seinen Eltern ihr Enkelkind nicht vorenthalten, und natürlich sind ihm seine Mutter und sein Vater auch wichtig. Da er ihre Bemerkungen aber einfach nicht mehr erträgt und die Reiserei in die Stadt seiner Eltern sowieso viel Aufwand ist, hat er sich jetzt entschieden, nicht zum achtzigsten Geburtstag des Vaters zu fahren. Seine Eltern sind tief gekränkt, und seine Schwester macht ihm bittere Vorwürfe: Immerhin seien das doch seine Eltern, und der achtzigste Geburtstag sei nicht irgendein Geburtstag. Mein Freund hat ein schlechtes Gewissen: Natürlich hat seine Schwester recht, Eltern sind etwas Besonderes, und er weiß ja auch, wie wichtig es ihnen ist, dass er und seine Schwester zu diesem Fest erscheinen – auch, weil sein Vater an einer beginnenden Demenz leidet und seine Mutter sich für den großen Abend Unterstützung von ihren Kindern erhofft hatte.

Das Ganze ist schlicht zermürbend. Dabei sollte es doch schön sein, eine Familie zu haben! Mein Freund fragt sich: Macht seine Schwester ihm zu Recht Vorwürfe? Ist er hartherzig, wenn er erst einmal vor allem an sich denkt? Muss man sich als Sohn nicht einfach um seine Eltern kümmern?

Ich kenne seine Familie gut. Ich habe auch die Eltern oft getroffen und halte sie für hilfsbereite, freundliche Menschen. Sie mögen manchmal etwas veraltete Vorstellungen haben, was Erziehung und Gleichstellung anbelangt – aber bösartig erschienen sie mir nie. Dennoch finde ich falsch von ihnen, dass sie ihrem Sohn Vorhaltungen zu seiner Lebensweise machen. Aber andererseits: Ist es nicht trotzdem respektlos von meinem Freund, wenn ausgerechnet er als Sohn sie in einem so wichtigen Moment ihres Lebens wie einem hohen Geburtstag allein lässt?

Solche und ähnliche Geschichten gibt es überall. Viele in meinem Umfeld sind beruflich sehr eingespannt, manche arbeiten im Ausland, haben zeitintensive Hobbys oder einen großen Freundeskreis. Die meisten gründen, sind sie erst mal erwachsen, eigene Familien mit Partnerinnen, Partnern und Kindern, die von da an ebenfalls ihre Ansprüche geltend machen. Allein schon aus zeitlichen Gründen verläuft der Kontakt zu den eigenen Eltern oft nicht reibungslos – wobei das sicher nicht das einzige Problem zwischen den Generationen ist, wie dieses Buch zeigen wird.

Und alle fragen sich: Was schulde ich meinen Eltern? Sollte ich meine Eltern öfter besuchen oder wenigstens regelmäßiger anrufen? Ist es etwa falsche Rücksichtnahme von mir, meinem

Vater zu verschweigen, dass ich seine lehrerhaften Leserbriefe an seine Lokalzeitung peinlich finde? Oder im Gegenteil das gebotene Maß an Höflichkeit? Müssen längst erwachsen gewordene Kinder den Wunsch ihrer Mutter respektieren, dass sie keine Pflegehilfe möchte, und sich damit abfinden, dass sie im Alter immer ungepflegter erscheint? Müssen sie sich die politischen Ansichten ihrer Eltern immer weiter anhören, auch wenn sie sie abscheulich finden? Dürfen sie den Eltern sagen, dass sie die Einladung in die Ferien großartig finden, aber lieber allein in Urlaub fahren möchten? Dürfen Kinder schließlich ein paar Jahre später die antike Kommode, die ihnen die bereits verstorbenen Eltern vermacht haben, auf Ebay versteigern? Was schuldet jeder von uns seinen Eltern – als deren Tochter, als deren Sohn? Ist allein schon der Umstand, dass wir alle jemandes Kinder sind, auch ein Anlass für eine Verpflichtung diesen Menschen gegenüber?

Dieses Buch geht diesen Fragen auf den Grund. Es untersucht, ob Kinder sich, wenn sie erst einmal erwachsen sind, speziell um ihre Eltern kümmern müssen, und zwar allein deshalb, weil sie ihre Kinder sind. Diese Frage ist zugegebenermaßen unbequem. Sie auch nur aufzuwerfen, klingt undankbar – als würde man sich darüber unterhalten, ob man dem Kellner wirklich ein Trinkgeld schuldet, und damit bereits signalisieren, dass man mit seinen Diensten nicht zufrieden war. Eltern jedoch haben in aller Regel reichlich in die ›Dienste‹ an ihren Kindern investiert – ja, ohne ihr Zutun gäbe es die Kinder nicht einmal. Doch die Frage zu stellen, ob wir unseren Eltern überhaupt zu etwas verpflichtet sind, muss nicht Ausdruck von fehlender Dankbarkeit sein und schon gar nicht eine Absage an die Beziehung zu ihnen.

Dabei stimmt natürlich, dass wir in persönlichen Beziehungen meist erst dann nach unseren Pflichten fragen, wenn Sand im Getriebe knirscht. Frisch Verliebte fragen eher nicht, was sie sich schuldig sind, sondern lesen sich die Wünsche gegenseitig von den Lippen ab. Und auch enge Freundinnen und Freunde werden sich selten fragen, was sie einander schulden – und tun sie es doch wiederholt, ist das meist ein Anzeichen dafür, dass sie sich der Verbindung zueinander nicht ganz sicher sind. Der deutsche Philosoph Rüdiger Bittner hat deshalb Pflichten und Rechte im Fall von Beziehungen als »Störungsbegriffe« bezeichnet: Wir nehmen erst Bezug auf die Sprache der Moral, wenn es in Beziehungen nicht rund läuft – beispielsweise, wenn wir uns im Stich gelassen fühlen oder uns das Verhalten des Gegenübers irritiert. Möglich, dass bereits die Frage, was genau wir eigentlich unseren Eltern schulden, auf eine solche Störung hinweist. Doch Beziehungen, und gerade Familienbeziehungen, sind eben nicht ausschließlich Schönwetterveranstaltungen. Der Familienstreit gehört zur Familie ebenso dazu wie das Familienglück. Und weil wir alle früher oder später auch mit den schwierigen Seiten von Familien konfrontiert werden können, lohnt sich die Auseinandersetzung mit der Frage, wozu Familie moralisch verpflichtet, auf jeden Fall.

Natürlich ist es auch möglich, dass man das Verhältnis zu den eigenen Eltern durchaus als intakt empfindet – sich aber dennoch etwa die Frage stellt, ob man sich mehr um sie kümmern sollte, ob man sie zu oft für die Betreuung der Enkel einspannt oder sich in Konflikten loyaler zeigen müsste. Die Klärung der Frage, ob Familienmitglieder einander etwas schulden, muss also nicht zwingend auf einen schwelenden Konflikt hinweisen. Ebenso gut kann sie Ausdruck des redlichen Bemühens sein, für sich selbst Klarheit darüber zu bekommen, was eigentlich in einer Familie von einem verlangt ist. Denn in der Regel wollen letztlich die Allermeisten in einem moralischen Sinn anständig leben. Und für sich selbst Gewissheit haben, dass sie ihrer Verantwortung nachkommen und niemanden zu Unrecht übergehen.

Gerade in Familien sieht man sich aber leicht mit diffusen Erwartungshaltungen konfrontiert – von den Eltern, von sich selbst, von Dritten. Wir denken, wir dürften uns gewisse Freiheiten nicht nehmen, und sind gleichzeitig verstimmt, weil wir die Ansprüche des Gegenübers als übertrieben empfinden. In diesem Zwiespalt wollen wir unser schlechtes Gewissen gern ablegen und Vorwürfe gelassen kontern können. Sind wir wirklich der liederliche Sohn, die unnütze Tochter, für die uns andere vielleicht halten? Gehen wir zu Recht so hart mit uns ins Gericht, wenn wir uns Freiheiten herausnehmen, die Mutter und Vater missfallen? Die Empörung, mit der andere auf unser Verhalten reagieren, kann manchmal durchaus ein Hinweis darauf sein, dass wir moralische Fehler begehen und unser Verhalten ändern sollten. Unser eigenes schlechtes Gewissen hat eine ähnliche Funktion: Als eine Art »internalisierte Empörung«[2] kann es uns selbst zur Ordnung rufen, indem es uns signalisiert, dass wir eine Grenze zum Unrecht überschritten haben. Doch ist ein schlechtes Gewissen – und ebenso sein Ausbleiben – nicht immer die verlässlichste Partnerin, wenn es darum geht, abschließend zu beurteilen, ob und wie wir gut und richtig handeln. Nur weil sich in uns oder in anderen Widerstand regt, heißt das noch nicht, dass wir auch tatsächlich etwas falsch machen, sondern es bedeutet erst einmal nur, dass wir nachfragen und darüber nachdenken müssen, ob die Empörung auch begründet ist.

Finden wir keine Gründe, besteht vielleicht auch gar keine Pflicht. Nach unseren moralischen Pflichten zu fragen, heißt deshalb immer auch, vertraute Konventionen zu hinterfragen und tiefer zu bohren nach dem Fundament, von dem aus Ansprüche geltend gemacht werden, mit denen wir uns konfrontiert sehen oder andere konfrontieren.

Die Tiefenbohrung in diesem Buch gibt eine klare Antwort auf die Frage, was Kinder ihren Eltern schulden – nämlich nichts. Die Meisten gehen allerdings ganz im Gegenteil davon aus, dass allein die Tatsache, dass jemand mein Vater, meine Mutter ist, mich in besonderer Weise moralisch verpflichtet. Ich will zeigen, dass das in dieser Form nicht zutrifft. Was natürlich nicht heißt, dass wir unsere Eltern behandeln können, wie wir wollen. Denn Respekt schulden wir allen Menschen und deshalb eben auch unserer Mutter und unserem Vater, und zwar ganz unabhängig von der Qualität unserer Beziehung zu ihnen. Mutwillig verletzen, ausnutzen oder beschämen dürfen wir niemanden, auch wenn das in Familien geradezu fürchterlich einfach ist: Denn einerseits kennt man seine Pappenheimer meist sehr gut und weiß um ihre wunden Punkte. Und andererseits ist den Allermeisten an einer intakten Beziehung zu ihren Eltern beziehungsweise ihren Kindern gelegen, und sie sind zu entsprechend großen Zugeständnissen bereit.

Doch das grundlegendste moralische Verbot lautet, dass man einander nicht ohne Not Schaden zufügen darf, beispielsweise in Notwehr, und diese Regel gilt natürlich auch in Familienverhältnissen. Dieses Buch ist also kein Plädoyer, die eigenen Eltern ins Pflegeheim abzuschieben, sie zu ignorieren, kaltherzig über ihre Bedürfnisse und Anliegen hinwegzusehen. Vielmehr ist es ein Aufruf dazu, Familienbeziehungen als das zu sehen, was sie im Kern sind: in vielerlei Hinsicht bedeutungsvolle und außergewöhnliche Kontexte, die von unermesslichem Wert für uns sein können.

In einer Hinsicht jedoch sind sie eben nicht außergewöhnlich: Sie schaffen keine speziellen Pflichten über das hinaus, was wir allen Menschen schulden. Mag sein, dass es Kinder und Eltern gibt, die einander konkrete Dienste oder Hilfestellungen versprochen haben und die sich deshalb auch an das gegebene Versprechen halten müssen. Oder die eng miteinander befreundet sind und aufgrund dieser Freundschaft berechtigte Erwartungen aneinander hegen. Doch nur, weil bestimmte Personen ihre Eltern sind, schulden Kinder ihnen erst einmal nichts. Es gibt nämlich, und das ist die These dieses Buches und zugleich ein zentraler Begriff, auf den wir immer wieder zurückkommen werden, keine *filialen Pflichten* – keine Pflichten, die wir allein aufgrund des Umstands haben, dass wir die Tochter oder der Sohn von jemandem sind.

Eines ist klar: Kinder haben um die Beziehung zu ihren Eltern ebenso wenig gebeten wie um ihr Leben. Familie hat man; nur Freundinnen und Freunde kann man sich aussuchen. Die Rede von der Wahlverwandtschaft ist deshalb genau genommen irreführend: Verwandte sind zuallererst die Leute, die man unter keinen Umständen auswählen kann, sondern vom Zufall vorgesetzt bekommt. Mit eigener Verantwortung und einem vorangehenden freien Entschluss hat das letztlich wenig zu tun – und dennoch greift die Rechtsprechung in vielen Ländern ständig und vor allem lebenslänglich auf die Familie zurück. Wie das sogenannte ›Rabenvater-Urteil‹[3] in Deutschland erst vor wenigen Jahren zeigte, werden erwachsene Kinder beispielsweise selbst dann für Unterhaltszahlungen zugunsten ihrer pflegebedürftigen Eltern zur Kasse gebeten, wenn die Eltern ihrerseits schon Jahre zuvor den Kontakt zum Kind abgebrochen haben. Die entsprechenden Regelungen mögen aus gesamtgesellschaftlichen Überlegungen ihre Berechtigung haben. Aus moralischer Perspektive sind sie aber weder alternativlos noch zwingend gerechtfertigt. Mit dem demographischen Wandel und dem Zuwachs an pflegebedürftigen Menschen wird in Zukunft über solche Maßnahmen vermutlich immer heftiger gestritten werden.

Während dieses Buch also die These vertritt, dass es keine filialen Pflichten gibt – dass wir unseren Eltern also nichts Besonderes schulden, weil sie unsere Eltern sind –, gehen viele von völlig anderen Vorstellungen aus. Manchen fällt an dieser Stelle das fünfte Gebot im Alten Testament ein, das dazu anhält, Vater und Mutter zu ehren.[4] Und auch in den einschlägigen Internetforen, in denen sich verlassene Eltern bitter über ihre undankbaren Kinder beklagen, die den Kontakt zu ihnen scheinbar grundlos abgebrochen haben, spiegelt sich die tiefe Überzeugung, dass Kinder ihren Eltern eine Menge schulden. Dabei zeigen entsprechende Untersuchungen: Leichten Herzens brechen Kinder ihre Beziehungen nahezu niemals ab; natürlich liegt ihnen an einem guten Verhältnis zu ihren Eltern.[5] Selbst Kinder, die zeitlebens unter ihren Eltern leiden, bemühen sich zum Teil in fast grotesker Weise, ihnen dennoch gerecht zu werden – denken wir etwa an Franz Kafka, der in seinem berühmten *Brief an den Vater* schreckliche Grausamkeiten beschreibt, die ihm der Vater zugefügt hat, und dennoch zugesteht: »Wobei ich Dich aber immerfort bitte, nicht zu vergessen, daß ich niemals im entferntesten an eine Schuld Deinerseits glaube.«[6]

Warum dieser Hang, die eigenen Eltern immer neu zu verteidigen? Wahrscheinlich ist er auch darin begründet, dass man die Beziehung zu ihnen nie gänzlich überwinden kann. Die Eltern gehören einfach zu uns, ob wir wollen oder nicht. Wir bleiben ihre Kinder, auch wenn sie uns verstoßen, und sie bleiben Vater und Mutter, auch wenn wir uns nicht mehr blicken lassen. Während man sich mit Freunden auseinanderleben und von Liebespartnern trennen kann, kann man sich von der eigenen Herkunftsfamilie zwar entfremden; gänzlich kappen lassen sich die Bande jedoch nicht. Wie entfernt wir auch voneinander leben mögen, wie irritierend wir die gegenseitigen Ansichten finden können, ja, wie sehr wir uns zu zerstreiten in der Lage sind – »bis dass der Tod uns scheidet« bleiben wir alle Sohn oder Tochter, und, wenn wir Kinder haben, Vater oder Mutter. Familie ist nicht deutungsoffen. Sie hat deshalb stets einen »Beigeschmack von Wahrheit«, wie der österreichische Schriftsteller Karl Kraus schrieb.

Diese »Wahrheit« ist dem Umstand geschuldet, dass uns die Wahl unserer Angehörigen nicht offensteht. Ihren »Beigeschmack« erhält sie dadurch, dass wir in ihr auf besondere Weise verletzlich sind. Verletzlichkeit ist zwar die Kehrseite jeder nahen persönlichen Beziehung: Wenn wir lieben und vertrauen, können wir enttäuscht, ausgebeutet, von Verlusten getroffen werden. Gerade weil Beziehungen schiefgehen können, haftet ihnen stets etwas Riskantes an – ein Risiko, das wir in den meisten Fällen vermeiden könnten, wenn wir uns gar nicht erst auf die Beziehungen einließen und uns ihrer Intimität verweigerten. Aber ganz abgesehen von der Frage, ob es wirklich eine erfüllende Lebensform wäre, sich allein aus Angst vor Verletzungen gegen Beziehungen zu verwahren – in Familienbeziehungen haben wir diese Freiheit nicht.

Wir starten nun einmal alle als von jemandem Geborene in unser Leben. Es eint uns, wie Hannah Arendt es nannte, unsere »Natalität«[7], und deshalb bleibt uns auch nichts anderes übrig, als diese unsere familiäre Verletzlichkeit anzunehmen und möglichst umsichtig mit ihr umzugehen. Das Beharren auf Ansprüchen, die Kinder zu erfüllen hätten, hilft dabei weder den Kindern noch den Eltern – im Gegenteil: Erst aus der Freiheit heraus, sich ohne Pflichtgefühl auf die eigenen Eltern einzulassen, werden Kinder den Reichtum neu entdecken können, den eine Familie ja in vielen Fällen birgt. Auch von diesem Reichtum und den Gütern, die eine Familie speziell wertvoll machen können, handelt dieses Buch.

Das Buch ist dabei aber wohlgemerkt kein psychologischer Ratgeber, sondern eine *philosophische Untersuchung*: das heißt, der Versuch, Vorurteile nicht einfach blind zu bestätigen, sondern sie zu hinterfragen und zum Selberdenken aufzufordern. Menschen werden von ihrer Familie tief geprägt, sie werden in ihrer ganzen Art zu leben berührt. Inwiefern uns Philosophie helfen kann, in einem therapeutischen Sinn besser mit offenen Wunden und Enttäuschungen umzugehen, wird in der Philosophie selbst kontrovers diskutiert. Ausgehend von Sokrates, Ludwig Wittgenstein und dem amerikanischen Philosophen Stanley Cavell wird gerade auch in jüngster Zeit das therapeutische Vermögen der Philosophie im Sinne einer Lebenskunst wieder vermehrt betont. Philosophie hat aber ganz bestimmt nicht nur tröstende oder heilende Aspekte, sondern auch die verwirrende Eigenschaft, stets noch weitere bohrende Fragen zu stellen. Noch schlimmer: Sie kann uns sogar hinsichtlich vieler Fragen oft nicht einmal mit Sicherheit sagen, wie die richtigen Antworten lauten, wie der britische Philosoph Bertrand Russell zugestand. Sie vermag aber für Russell etwas anderes, vielleicht Wichtigeres, nämlich uns »viele Möglichkeiten zu bedenken geben, die unser Blickfeld erweitern und uns von der Tyrannei des Gewohnten befreien«[8]. Philosophie ist in diesem Sinne immer auch radikal, weil sie nicht gelten lässt, was uns vertraut ist, allein schon deshalb, *weil* es uns vertraut ist. Vielmehr fragt sie nach Gründen und Rechtfertigungen für bestimmte Überzeugungen und erweitert so unseren Blick. Erst in dieser Erweiterung unseres Blickes auf uns selbst und die anderen kann zuweilen ein neues Verständnis füreinander keimen. Und vielleicht kann so auch Frieden in die Familie einkehren, wie sich das Franz Kafka in seinem *Brief an den Vater* wünschte.[9]

Sich der eigenen Familie auf eine Weise zu nähern, wie ich es in diesem Buch tue – mit kritischem Blick und ergebnisoffen, aber immer am Verstehenwollen dieses komplexen Verhältnisses orientiert –, ist zugegebenermaßen eine Luxussituation. In ärmeren Ländern, die über keinen so ausgebauten Sozialstaat verfügen, wie wir ihn gewohnt sind, in Katastrophengebieten oder auf der Flucht zählt oft allein die Familie. Sie zu hinterfragen, ist in solchen Kontexten unmöglich oder hätte unter Umständen dramatische Folgen. Vielleicht vergessen wir in unserem Wohlstand manchmal, wie wertvoll Familie eigentlich sein kann, wenn materielle Not den Alltag bestimmt und kein Versicherungswesen für uns einspringt.

Doch mein Buch geht zugleich von einem anderen Eindruck aus, nämlich dass wir allzu schnell rhetorisch fragen: »Wozu hat man denn Familie?«, ohne uns zu überlegen, ob jene, die man da ›hat‹, überhaupt leisten können und wollen, was man von ihnen erwartet. Mein Buch ist in diesem Sinne von einer Hoffnung getragen: Wenn wir die verschiedenen Möglichkeiten genau geprüft haben, was Kinder ihren Eltern warum schulden, können wir einander vielleicht befreiter und unbefangener begegnen. Denn dann wissen wir, worin unsere Verantwortung besteht und wie weit unsere Freiheit reicht. Liebe und Zuwendung wollen nicht vorgeschrieben sein, sie sollen aus freiem Herzen verschenkt werden. Eine Auseinandersetzung mit dem, was wir voneinander erwarten dürfen, ist dafür ein erster Schritt.

2 SCHULD

»Erbitte dir zuerst Gesundheit, dann Wohlergehen,
drittens ein frohes Herz und zuletzt, niemandes Schuldner zu sein.«
PHILEMON VON SYRAKUS

Kinder großzuziehen, ist kein Pappenstiel. Ganz im Gegenteil: Elternschaft ist sowohl emotional als auch materiell eine ›kostenintensive‹ Tätigkeit. Das beginnt bei vielen Paaren heute bereits beim Versuch, schwanger zu werden, und betrifft ebenso die tatsächliche Schwangerschaft, die großes Glück, aber auch allerhand Leiden mit sich bringen kann. Ist das Kind erst einmal da, folgen für viele seliges Staunen, doch bald auch durchwachte Nächte mit einem schreienden Bündel im Arm, Phasen mit trotzigen Kindern, die an Irrationalität kaum zu überbieten sind, und hilflose Versuche der Verständigung mit pubertierenden Halbwüchsigen, die ihre Eltern ständig zugleich in Anspruch nehmen und von sich weisen.

Eltern zu sein, bringt erwachsene Menschen außerdem dazu, einen Großteil ihrer früheren Lebensgewohnheiten in Frage oder gleich ganz auf den Kopf zu stellen: ihre Ernährungsgewohnheiten und ihr Freizeitverhalten, ihren Einrichtungsstil, ihre Karrierepläne und die Wahl ihrer Ferienziele. Als Eltern schlüpfen sie plötzlich in ganz neue Rollen, die ihre bisherigen Präferenzen gehörig durcheinanderbringen. Der Philosoph Dieter Thomä etwa schreibt, als »praktizierender Vater« sei er »Beichtvater, Chauffeur, Friseur, Koch, Krankenpfleger, Lastesel, Lehrer, Reiseveranstalter, Seelentröster, Wäscher, Wohnungsgeber und vieles andere mehr«[1]. Auch wenn einen die eigenen Kinder zum Lachen bringen und herzerwärmend beglücken können und viele Eltern sagen, sie seien sogar eine der wichtigsten Quellen der Sinnstiftung, ist nicht von der Hand zu weisen, dass Mutter und Vater zu sein auch ganz schön an den Energiereserven zehrt. Außerdem strapaziert Elternschaft massiv den Geldbeutel: Je nach Berechnungsgrundlage und Land kostet ein Kind seine Eltern in Europa im Schnitt bis zu seiner Volljährigkeit zwischen 200 000 und 700 000 Euro – eine stolze Summe, mit der man sich durchaus den einen oder anderen Luxus, eine berufliche Neuorientierung, eine Auszeit, eine Weltreise oder vielleicht ein Eigenheim hätte leisten können. Einige Paare geraten wegen ihrer Kinder sogar in die Abhängigkeit der Fürsorge oder nehmen Kredite auf. Scheint es angesichts derart großer Leistungen durch die Eltern nicht naheliegend, dass die erwachsen gewordenen Kinder ihnen im Gegenzug etwas schulden, um das Lastenkonto zumindest einigermaßen ins Gleichgewicht zu bringen?

Diese Vorstellung ist nicht nur weit verbreitet, sie hat auch eine lange philosophische Tradition. Aristoteles verstand die schon zu seiner Zeit gängige Erwartung an Nachgeborene, sich im Erwachsenenalter fürsorglich um ihre Eltern zu kümmern, als das Tilgen einer Schuld,[2] und Thomas von Aquin interpretierte das Gebot, die eigenen Eltern zu ehren, als ein Erstatten empfangener Gaben[3]. Da Eltern ganz offensichtlich mit der Aufzucht und Erziehung ihrer Kinder massiv in Vorleistung gegangen sind, scheint es nur plausibel, dass für die Kinder mit der Mündigkeit die Zeit des Abzahlens beginnt. Erwachsene Kinder haben, so verstanden, ihren Eltern gegenüber also eine Pflicht, die sich analog zur Pflicht eines Schuldners gegenüber seinem Gläubiger verhält: Sie schulden den Eltern die Rückzahlung all jener Profite, die sie von ihnen bezogen haben – und die die Eltern auch für eigene Zwecke hätten nutzen können. Das haben die Eltern aber eben nicht getan, sondern stattdessen den Nachwuchs umsorgt, gefüttert, gefördert und großgezogen. Wenn die Eltern von ihrem Nachwuchs nun eine Gegenleistung erwarten, scheint dies also alles andere als vermessen. Sie haben schlicht ein Anrecht darauf, dass die Kinder, wenn sie erst einmal dazu in der Lage sind, ihre Schulden ihnen gegenüber begleichen.

Die Ausgangslage scheint also klar: Kinder schulden ihren Eltern aufgrund der bezogenen Profite in der Kindheit eine Menge. So einleuchtend diese Überlegung auf den ersten Blick scheinen mag: Ich glaube dennoch nicht, dass das Bild der Eltern-Kind-Beziehung als eine Beziehung zwischen Gläubiger und Schuldner passend ist, und zwar gleich wegen mehrerer Probleme. *Erstens* führt die Schuldner-Gläubiger-Analogie bereits an sich in die Irre. Sobald ein Schuldner seine Leistung erbracht hat, also beispielsweise Geld zurückzahlt, sind er und sein Gläubiger nämlich ›quitt‹; die Schuld ist abgetragen, der Gläubiger hat keine weiteren Ansprüche mehr, die er mit Blick auf den Schuldner geltend machen könnte. Einen solchen Zustand des Ausgleichs herzustellen, der das Ende der Verpflichtung markiert, ist ja gerade die Idee des Abzahlens von Schulden. Die Pflichten, die Kinder gegenüber ihren Eltern haben, lassen sich mit diesem Bild aber ganz offensichtlich nicht überzeugend einfangen. Denn filiale Pflichten sind, falls sie sich überhaupt begründen lassen, sicher nicht so angelegt, dass sie irgendwann einfach abgehakt wären, weil die Kinder ausreichend Güter erstattet hätten – Eltern werden ihren Kindern ja nicht vorrechnen, dass sie sie noch drei Mal besuchen müssen oder ihnen noch ein Jahresabonnement für den öffentlichen Verkehr bezahlen sollten, weil erst dann die Schuld abgetragen sei, die sich das Kind früher einmal eingehandelt habe.[4] Ganz im Gegenteil: Eltern, die ihre Kinder an deren Schuldigkeit erinnern, sind vermutlich viel eher davon überzeugt, sie hätten mit ihren Kindern lebenslang eine Rechnung offen. Doch zum einen ist es eine bizarre Vorstellung einer Gläubiger-Schuldner-Beziehung, wenn der Verschuldete gar keine Möglichkeit hat, seinen Kredit je abzuzahlen. Und zum anderen wäre das entsprechende Bild schlicht grausam: Eltern bringen Kinder zur Welt, die vom ersten Moment an mit Schulden beladen sind! Das erinnert an die metaphysische Idee einer Erbsünde, an der wir unsere Familienbeziehungen wohl kaum ausrichten wollen.

Gehen wir aber davon aus, dass Kinder in der Lage sind, ihre Schulden zu begleichen und irgendwann mit den Eltern quitt zu sein, so taucht ein *zweites* Problem auf, nämlich jenes, dass unklar ist, worin eigentlich eine Rückzahlung der bezogenen Leistung bestünde. Die einen Eltern erwarten von ihren Kindern im Gegenzug wöchentliche Telefonanrufe, die anderen möchten regelmäßig besucht werden, die dritten würden gern bei den Kindern wohnen, die vierten wünschen sich, ihre Enkelkinder öfter zu sehen oder überhaupt Enkelkinder zu haben. Offensichtlich ist der Gegenstand der filialen Pflicht in diesem Bild gänzlich unbestimmt: Mit welchen Gütern genau wäre das ›Darlehen‹, das ein Kind bei seinen Eltern in Form von Fürsorge und Erziehung aufgenommen hat, zu erstatten? Mit Geld? Mit emotionaler Zuwendung? Mit Beziehungspflege? Mit Hilfestellungen im Alltag? Gläubiger-Schuldner-Verhältnisse schaffen dieses Problem üblicherweise ja gerade aus dem Weg, indem die zu tauschenden Güter *vor dem Handel* festgelegt werden: Ich leihe mir beispielsweise Geld bei meiner Freundin, um mich selbstständig zu machen, und wir machen aus, bis wann ich den Kredit in welchen Raten und zu welchem Zinssatz zurückzahlen muss. Ein solches Vorgehen ist in der Eltern-Kind-Beziehung aber natürlich nicht möglich. Es fehlt sozusagen die Vereinbarung über die Währung, in der die Schuld abgetragen werden soll.

Allerdings investieren wir durchaus bisweilen auch im Wissen darum, dass die Rückgabe unserer Investition unterschiedliche Formen annehmen kann und erst einmal offen ist, wie genau sie erstattet werden muss. In den meisten Fällen stören wir uns nicht weiter daran. Nehmen wir einmal an, der Patenonkel meiner Schwester übernimmt die Kosten für ihren Studienplatz an einer amerikanischen Universität. Meine Schwester möchte in den USA studieren, meine Eltern haben jedoch nicht die finanziellen Mittel, ihr diesen Wunsch zu erfüllen. Was meine Schwester ihrem Patenonkel im Gegenzug schuldet? Doch wohl das Bemühen, aus ihrem Stipendium auch etwas zu machen. Ob sie aber perfekt Englisch lernt und danach zuhause einen guten Job in einer Bank antreten kann, weil sie Auslandserfahrung hat und eine Fremdsprache beherrscht, oder ob sie in den USA einen so guten Abschluss hinlegt, dass sie ein Stellenangebot an der Universität erhält, ist weder kalkulierbar noch Teil der Abmachung. Würde der Onkel jedoch feststellen, dass meine Schwester ihr Studium nach Kurzem an den Nagel gehängt hat und das Stipendium lediglich nutzt, um sich in den USA ein schönes Leben zu machen, wäre er zu Recht enttäuscht. Anders gesagt: Der Umstand, dass wir mit Blick auf eine adäquate ›Rückzahlung‹ durchaus Spielraum haben, verändert nicht die Pflicht, überhaupt etwas zurückzugeben. Der erwähnte Spielraum ist sogar ganz und gar üblich, wenn es nicht um Geldschulden oder um den Tausch von Gegenständen oder

Dienstleistungen geht, sondern um Liebesdienste oder Hilfestellungen zwischen Menschen, die sich gegenseitig unter die Arme greifen. Hätte der Onkel als Gegenleistung für das Stipendium nicht das redliche Bemühen meiner Schwester erwartet, auch etwas aus seiner Unterstützung zu machen, sondern die exakte Geldsumme zurückhaben wollen, die ihn das Stipendium gekostet hat, dann hätte der Onkel meiner Schwester das Stipendium nicht geschenkt, sondern ihr ein Darlehen gegeben und Rückzahlungsfristen und Zinsen vereinbart.[5] Das bedeutet: Selbst wenn unklar sein sollte, womit erwachsene Kinder ihre Schulden den Eltern gegenüber zu begleichen haben, und sie deshalb dabei Spielraum haben, heißt das keineswegs, dass sie ihren Eltern nichts schulden.

Doch liegt noch ein *drittes*, und vielleicht das offensichtlichste, Problem vor, wenn man die Beziehung zwischen Kindern und Eltern analog zu der zwischen Schuldnern und Gläubigern versteht – nämlich jenes der fehlenden Vereinbarung. Hat der Patenonkel etwa mit seiner Nichte ausgemacht, dass er von ihr im Gegenzug für das Stipendium Ehrgeiz und Leistungsbereitschaft erhofft, so ist er auch berechtigt, Entsprechendes zu erwarten. Denn die Nichte hat den Onkel um finanzielle Unterstützung gebeten, oder sie ist die Abmachung mit ihm zumindest im Wissen darum eingegangen, worauf sie sich dabei einlässt. Kinder jedoch haben ebenso wenig um ihr Leben wie um ihre Erziehung und Pflege gebeten. Vielmehr waren sie als hilflose Säuglinge auf die Fürsorge der Eltern und ihre Investitionen in sie angewiesen. Aus diesem Grund – das zumindest besagt die Idee des sogenannten *Voluntarismus* – gibt es schlicht keine Pflicht, für die empfangenen Gaben eine Gegenleistung zu erbringen. Natürlich verhält sich das anders, wenn erwachsene Kinder ihre Eltern um finanzielle Unterstützung bitten, beispielsweise weil sie die Steuerrechnung nicht begleichen können oder ihnen für die Finanzierung ihres Eigenheims die entscheidende Summe fehlt. In einem solchen Fall bitten sie die Eltern ja um ein Darlehen, und die Eltern sind wiederum frei, die Bedingungen für einen solchen Kredit zu nennen und die Kinder an diese zu erinnern, sollten sie mit der Rückzahlung in Verzug geraten. Aber als Kind seiner Eltern zur Welt zu kommen und in ihrem Nest aufzuwachsen, ist eben gerade keine derart bewusste Entscheidung, spätere Schulden auf sich zu nehmen.

Die Vorstellung, dass Kinder allein aufgrund des Umstands, dass sie Kinder bestimmter Eltern sind, in deren Schuld stehen, ist *viertens* auch deshalb nicht zu halten, weil es Eltern gibt, die in ihrer Erziehung vollkommen versagen. Statt ihre Kinder zu schützen und zu umsorgen, können Väter und Mütter ihre Kinder ja leider auch vernachlässigen, demütigen oder quälen, und es scheint erst recht verfehlt, von solchen Kindern zu behaupten, sie stünden später in der Schuld ihrer Peiniger. Gläubiger verwirken aber den Anspruch auf Rückzahlung einer Schuld an sie nicht dadurch, dass sie sich schlecht aufführen. Leihe ich mir etwa bei einem alten Schulfreund Geld, schulde ich ihm fristgerecht die vereinbarte Abzahlung meiner Schuld, und zwar auch dann noch, wenn ich erfahre, dass mein Freund meine finanziellen Schwierigkeiten ausplaudert und sich hinter meinem Rücken sogar über mich lustig macht. Zwar schulde ich meinem Gläubiger für sein Verhalten keinerlei Respekt, ja, ich habe sogar alles Recht der Welt, ihn zu kritisieren und mich von ihm zu distanzieren. Doch meine finanzielle Schuld ist von seinem geschmacklosen Verhalten nicht tangiert; ich habe sie nach wie vor abzuzahlen.

Bei Eltern, die ihre Kinder schlecht behandeln, drängt sich jedoch genau die gegenteilige Intuition auf. Bösartige oder unsensible Eltern können durchaus ihre Ansprüche verwirken, und deshalb können ihre Ansprüche nicht auf einer ›Kreditnahme‹ der Kinder beruhen. Exemplarisch dafür können wir Peter Weiss' Schilderungen seiner Kindheit in seinem Bericht *Abschied von den Eltern* nehmen. Der Ich-Erzähler wird von seinen Eltern in einer so grausamen Weise behandelt, dass es rundum verfehlt erschiene, ihm noch irgendeine Schuldigkeit gegenüber seinen Eltern aufzubürden: »Da saß meine Mutter neben mir und verhörte mich, und ich konnte nichts. Schwein heißt pig, pig kommt von picken, pick, pick, pick, und sie umfasste meinen Nacken und drückte meine Nase ins Vokabelheft, pick, pick, pick, so wirst du dir's wohl merken. Ich merkte es mir. Zuweilen konnte ich mit einem Schrei aus einem Traum auffahren, spürte noch den Griff von der Hand meiner Mutter im Nacken, spürte noch den Schlag von der Hand meiner Mutter an meiner Backe, hörte ihre rasende Stimme, sah ihren Zeigefinger neben mir auf die Tasten des Klaviers niederfahren, um mir den richtigen Ton anzuzeigen, den Ton, den ich nicht hatte finden können, und sie fand ihn auch nicht, ihr Finger hackte daneben, die Dissonanz schrillte noch in meinen Ohren.«[6] Sollen wir wirklich behaupten, auch solche Kinder blieben ihren Eltern etwas schuldig? Wohl kaum.

Nun wird das elterliche Verhalten zuweilen entschuldigt mit dem Verweis darauf, dass ›das damals halt so war‹. Der Spielfilm *Das weiße Band* des österreichischen Regisseurs Michael Haneke beispielsweise erzählt von einer durchaus üblichen deutschen Kindheit in der Zeit vor dem Ersten Weltkrieg, als Kinder ihre Eltern noch siezten und ›elterliche Gewalt‹ wortwörtlich zu verstehen war. Der Film zeigt, wie der autoritäre Zeitgeist von einer unerbittlichen Moral angeleitet wurde, der zufolge das Kind in erster Linie zu parieren und die Erwartungen der Eltern zu erfüllen hatte. Soll an der Idee einer filialen Pflicht festgehalten werden, die auf den Aufwendungen beruht, die Eltern durch die Erziehungsarbeit entstanden sind, dann hätten aber auch diese Eltern Anspruch darauf, dass ihre Kinder ihnen eine Erstattung leisten. Denn auch diese Eltern haben unter Maßgabe dessen, was man damals unter guter oder zumindest ›normaler‹ Erziehung verstand, ihre Aufgabe erfüllt – auch wenn das in bestimmten Zeiten Hiebe und Tritte ebenso umfasste wie die Missachtung jedes Anflugs von Autonomie auf Seiten des Kindes. Schließlich meinten ja auch sie es vielleicht ›nur gut‹.

Wie es eine Kriegsgeschichte, eine Heldengeschichte oder eine Kolonialgeschichte gibt, gibt es auch eine Kindheitsgeschichte, die vom Stellenwert erzählt, den Kinder in den jeweiligen Epochen und Gesellschaften hatten.[7] Dreh- und Angelpunkt der modernen Kindheitsgeschichte ist der Philosoph Jean-Jacques Rousseau.[8] Vor dem Erscheinen seines pädagogischen Hauptwerks *Emile oder über die Erziehung* im Jahr 1762 hatte Kindheit nahezu keinen eigenen Wert. Kinder galten in der westlichen Gesellschaft als dumme, unreife Wesen, die möglichst rasch erwachsen werden sollten, um dem üblen Zustand des ›unfertigen Wesens‹ schnellstmöglich zu entkommen. Sie waren mehr Objekte als Subjekte, und mit zunehmendem Alter wurden sie gar zu Nutzobjekten, die als willige Arbeitskräfte oder als Mittel zur Machtsicherung durch geschicktes Verheiraten genutzt werden konnten. Mit

Rousseaus *Émile* wurde eine Zeitenwende eingeläutet und die Kindheit als wertvolle und schützenswerte Lebensphase entdeckt. Bis sich aber Rousseaus Vorstellung, Erziehung sei eine Art Schutzraum, in dem sich das Kind ungestört entwickeln könne und fernab von Zwecksetzungen durch Eltern und Großfamilie ein Anrecht auf Wohlergehen habe, auch in den tatsächlichen Erziehungsprinzipien niederschlug, verging eine lange Zeit. Bis Mitte des 20. Jahrhunderts wurden viele Kinder in unseren Gesellschaften noch nach den Prinzipien der sogenannten ›Schwarzen Pädagogik‹ großgezogen, die das Kind in erster Linie einschüchtern, um es zu einem gefügigen Mitglied der Familie und später der Gesellschaft zu machen. Wäre es da nicht vermessen, Eltern, die irgendwann einmal ihre Kinder nach solchen oder ähnlichen Methoden aufgezogen haben, heute dafür zu kritisieren und ihnen den Anspruch abzusprechen, von ihren Kindern einen Gegenwert für ihre Arbeit zu verlangen?

Ich glaube entschieden: Nein. Denn Unrecht wird nicht aufgehoben mit dem Verweis darauf, dass alle anderen dieses Unrecht auch begangen haben. Etwas überspitzt formuliert, geschieht einem Sklaven nicht weniger Unrecht, wenn es noch andere Sklaven gibt; seine Freiheit ist ihm geraubt, seine Würde wird mit Füßen getreten, ganz unabhängig davon, ob er diese Misshandlung allein ertragen muss oder ob andere ebenso misshandelt werden, weil es dem Zeitgeist entspricht. Möglicherweise bewertet die betroffene Person ihr Leiden anders, wenn sie weiß, dass sie mit ihrem Schicksal nicht allein ist; und möglicherweise fällt sogar unser Urteil über die Peiniger milder aus, wenn wir davon ausgehen müssen, dass sie aufgrund der herrschenden Wertvorstellungen kein Unrechtsbewusstsein hatten. Entschuldigt ist das getane Unrecht damit aber noch lange nicht. Und von Kindern, die von ihren Eltern misshandelt worden sind, zu verlangen, sich in der Schuld ihrer Eltern zu sehen, ist mit Sicherheit abwegig.

So gewendet zeigt sich, dass eine kindliche Schuld für die elterliche Arbeit ganz offensichtlich nur besteht – wenn sie überhaupt besteht! –, wenn die Eltern ihre Erziehungsaufgaben auch hinreichend gut erfüllt haben. Das wiederum bedeutet jedoch nichts anderes, als dass wir das Bestehen einer filialen Pflicht von der *Qualität* der elterlichen Erziehung und Fürsorge abhängig machen, und also gerade *nicht* allein im Umstand begründet sehen, *dass* Eltern ihre Kinder ernähren und großziehen. Und das heißt: Mündige Kinder haben zumindest aufgrund der Tatsache, dass ihre Eltern sich um ihre Kinder gekümmert haben, keine filialen Pflichten. Denn in der Einleitung habe ich diese Pflichten ja als Gebote beschrieben, die *alle* Kinder ihren Eltern gegenüber haben, und zwar allein aufgrund des Umstands, dass sie ihre Kinder sind. Ganz offensichtlich ist dieses Kriterium jedoch nicht mehr erfüllt, wenn wir das Bestehen einer Pflicht von der *Qualität* der genossenen Erziehung abhängig machen.

Zugegeben: An dieser Stelle ist der Schluss naheliegend, dass das Kriterium für das Bestehen einer filialen Pflicht zu eng gewählt wurde. Denn immer wird es Kinder geben, die so üble Rabeneltern haben, dass sie diesen sicherlich nichts schuldig bleiben. Ist es deshalb nicht sinnvoller davon auszugehen, dass Familien mit Rabeneltern so etwas wie eine Ausnahme von jener Regel darstellen, die besagt, dass Kinder ihren Eltern gegenüber zumindest *prima facie* bestimmte Pflichten haben? Ganz offensichtlich gestehen wir solche Ausnahmen ja bezüglich mancher Gebote zu: Wir dürfen einander beispielsweise keinen Schaden zufügen; doch bedroht uns jemand an Leib und Leben, dürfen wir ihn selbstverständlich im Rahmen des Rechts auf Notwehr unschädlich zu machen versuchen. Definitiv können Personen also ihre Ansprüche aufgrund eigenen Fehlverhaltens verwirken. Könnte dies nicht auch für Pflichten erwachsener Kinder gelten, die eben nur bestehen würden, wenn die Eltern sich halbwegs anständig verhalten hätten? Möglicherweise. Doch ist der Vorschlag, die filiale Pflicht von der Qualität der Erziehung abhängig zu machen, dennoch mit Blick auf eine den Kindern aufgebürdete *Schuld* wenig plausibel: Gläubiger verlieren ihre Ansprüche ja eben nicht dadurch, dass der Schuldner nicht mehr zufrieden ist mit dem Kredit, den er aufgenommen hat. Zumindest stimmt dies ganz offenkundig, wenn es um Geldsummen geht, die getauscht werden. Wenn wir uns allerdings andere Beispiele vor Augen führen, in denen beispielsweise eine Schuld aufgrund einer bezogenen Dienstleistung besteht, dann sieht es zugegebenermaßen anders aus: Stelle ich nach dem Zahnarztbesuch fest, dass die Plombe zu locker sitzt und die Zahnschmerzen noch schlimmer sind als zuvor, werde ich meine Rechnung nicht begleichen, sondern im Gegenteil vielleicht sogar Schadenersatz einfordern. Meine Schuld scheint also nicht mehr oder nur teilweise zu bestehen, weil ich das, wofür ich zahlen müsste, gar nicht in adäquater Form erhalten habe. Insofern scheint es vielleicht doch gar nicht so verkehrt, die kindliche Schuld den Eltern gegenüber so zu interpretieren, dass sie nur besteht, wenn Eltern mit ihrer Erziehungsarbeit auch einen hinreichend guten Job gemacht haben.

Mit dieser Idee landen wir aber bei einer neuen Schwierigkeit. Nämlich jener, dass die Einschätzungen darüber, wie gut Eltern ihren Fürsorgepflichten nachgekommen sind, massiv auseinandergehen können. Mehr noch: Vermutlich gehen sie gerade dann massiv auseinander, wenn sich die Frage nach einer Pflicht der Kinder überhaupt erst stellt. Wie ich in der Einleitung geschrieben habe, taucht dieses Problem in intimen Beziehungen ja meist erst dann auf, wenn Sand im Getriebe dazu führt, dass Irritationen sichtbar werden bei der Frage, wer eigentlich wen wie unterstützen sollte. Wenn die Frage, was Kinder ihren Eltern schulden, jedoch mit der Qualität der Erziehungsaufgaben verknüpft wird, werden wir kaum weiterkommen. Denn die Eltern werden, wenn sie die Kinder an ihre Schuldigkeit erinnern oder enttäuscht sind, dass die Kinder sich nicht mehr für sie engagieren, der tiefen Überzeugung sein, dass sie ihren Job als Eltern mehr als gut gemacht haben, während sich die Kinder vielleicht gerade von ihnen abwenden, weil sie das anders sehen. Es ist ja zuweilen genau die unterschiedliche Bewertung der Vergangenheit (»Ich habe immer für dich gesorgt.« – »Du hast dich stets eingemischt.«), die Anlass zur Frage danach gibt, wer wem was schuldig ist.

Außerdem gibt es einen *fünften* Punkt, der mich dazu führt, die Idee für abwegig zu halten, Kinder blieben ihren Eltern als Erwachsene etwas schuldig. Es scheint mir nämlich rundum verfehlt, die Idee der Schuld für Dinge zu bemühen, die jemand jemandem explizit schenken wollte und für die es auch von Beginn der Beziehung an Gegen-Geschenke gab. Viele Eltern berichten, dass ihre Kinder trotz aller Strapazen massiv zu ihrem Lebensglück beitragen, weil es sie zum einen erfüllt, Leben weiterzugeben und eine neue Generation heranwachsen zu sehen; und weil die Kinder ihnen zum andern ebenfalls Liebe und Anerkennung entgegenbringen. Elternschaft wird darum auch – zumindest in westlichen Gesellschaften – meist freiwillig auf sich genommen und oft mit einigen Mühen angestrebt, und zwar unter anderem gerade, weil Eltern sich von ihren Kindern in vielfacher Weise beschenkt sehen.[9] Aus diesem Grund meinte die Reformpädagogin Maria Montessori gar, Eltern stünden ihrerseits in der Schuld ihrer Kinder, denn dank dieser erhalte das Leben der Eltern eine neue, wertvolle Dimension.[10] Doch ganz abgesehen davon, wie man diesen Gedanken bezüglich der eigenen Kindschaft oder Elternschaft empfinden mag: Mir scheint die ganze Terminologie der Schuld in einer Beziehung zwischen Menschen, die einander mögen und ihre Beziehung befriedigend leben wollen, unpassend, wenn nicht gar schädlich. Egal, welcher Teil einer Gemeinschaft sich in der Schuld eines anderen sieht – bereits die Vorstellung von *Schuldigkeit* steht einer wirklich liebenden Beziehung oft entgegen.

Denn das gemeinsame Leben wird, wenn wir uns stets schuldig fühlen, letztlich zu einem Pensum, das es abzuarbeiten gilt. Das Gemeinsame wird dabei aufgetrennt in ein hierarchisches Verhältnis von Schuldner und Gläubiger. Damit ist nicht gemeint, dass allein die Idee, dass es untereinander gerecht zugehen müsste, eine Beziehung bereits unterminieren würde. Ich habe schon in der Einleitung geschildert, weshalb ich dieser Vorstellung nicht folge, sondern ganz im Gegenteil der Meinung bin, dass die Klärung von Fragen der Gerechtigkeit eine Beziehung sogar entlasten kann, weil Zuständigkeiten dadurch klar zugewiesen werden. Doch zu sagen, dass in der Liebe *auch* Fragen der Gerechtigkeit auftauchen können, ist etwas ganz anderes, als zu behaupten, dass die Grundlage der Beziehung allein aus Schuld bestehe, die möglichst komplett abzutragen sei.

Dass Liebe ganz im Gegenteil eigentlich nichts anderes will, als einander schuldenfrei zu begegnen, wird bereits deutlich, wenn wir uns romantische Geschichten vor Augen führen, etwa die Hollywood-Romanze *Pretty Woman*: Wirklich glücklich wird das Paar in diesem Film erst, nachdem die Frau nicht mehr in der Schuld des Investmentbankers steht, sondern er sich ebenso um sie bemüht, wie sie sich einst für ihn interessierte. Eltern und Kinder sind selbstredend keine Liebespaare. Aber auch für sie stimmt, dass zu einer glücklichen Beziehung der Verzicht darauf gehört, einander in erster Linie als Schuldige zu sehen – und dass man sich stattdessen als freie Menschen sieht, die sich einander großzügig und liebend vertrauen können, sich einander aber ebenso auch verweigern dürfen. Im Zustand der Schuldigkeit verharren möchte nämlich kein Mensch. Konzipierten wir das Verhältnis von Kindern zu ihren Eltern als eines der Schuld, müssten die Kinder zwangsläufig auf Distanz gehen und versuchen, ihrer misslichen Lage zu entfliehen. Denn Schuld verbindet zwar mit Blick auf offene Rechnungen; sie schafft jedoch emotional eine enorme Distanz.

Warum hält sich die Idee, dass Kinder ihren Eltern etwas schulden, dennoch so hartnäckig? Zum einen vielleicht, weil das Gegenteil zu behaupten – Kinder schulden ihren Eltern nichts! – schlicht undankbar scheint. Es ist ja tatsächlich nicht von der Hand zu weisen, dass Eltern enorm viel für ihre Kinder getan haben, ja, ihnen sogar das Leben schenkten. Ist es nicht egoistisch von den Kindern, sich als Erwachsene hinzustellen und darauf zu pochen, dass es allein die Entscheidung der Eltern war, Nachwuchs in die Welt zu setzen oder ihn zu adoptieren? Und dass die Kinder weder um ihre

Existenz noch um ihre Erziehung gebeten haben und ihren Eltern deshalb auch nichts schulden? Möglicherweise sind solche Überlegungen der Kinder tatsächlich egoistisch. Daraus folgt dann aber lediglich, wenn überhaupt, dass Kinder ihren Eltern *dankbar* sein sollten dafür, dass sie sich um sie gekümmert haben, als sie hilflose Säuglinge und unselbstständige Kinder waren – und Dankbarkeit ist etwas anderes als Schuld. Ob Kinder dankbar sein müssen, untersuche ich darum im nächsten Kapitel. Zur Dankbarkeit kann man einander beispielsweise anhalten, sich aber nicht zu ihr zwingen, da zu ihr stets auch eine innere Haltung der Zugewandtheit gehört. Grummelnd seine Schulden abzuzahlen, funktioniert bestens; grummelnd dankbar zu sein, hingegen nicht.

Zum anderen hält sich die Vorstellung, erwachsene Kinder stünden in der Schuld ihrer Eltern, auch deshalb so hartnäckig, weil dieses Konzept in gesellschaftspolitischer Hinsicht eine praktikable Idee zu sein scheint. Wie bereits gesagt, wurde das Nachdenken über derartige Pflichten in den letzten Jahrzehnten besonders durch den Umstand veranlasst, dass mit der zunehmenden sogenannten ›Überalterung‹ unserer Gesellschaft und der Vereinsamung ihrer Mitglieder die Frage aufkommt, wer für die dadurch entstehenden Bedürfnisse in die Pflicht zu nehmen ist – das heißt, wer für die entsprechenden Hilfeleistungen finanziell aufzukommen hat. Im Rahmen eines kleinstmöglichen Generationenvertrags scheint es naheliegend, die nachfolgende Generation einfach als eine Art Altersvorsorge zu begreifen. Viele Rechtsprechungen verpflichten erwachsene Kinder entsprechend auf eine materielle Unterstützungspflicht, indem sie sie etwa zur Beteiligung an den Betreuungskosten pflegebedürftiger Eltern anhalten.[11]

Mag es gesellschaftspolitisch klug und vielleicht auch am

effizientesten sein, die Altersvorsorge so zu regeln, ist es aber eine ganz andere Frage, ob es auch moralisch gesehen legitim ist. Armutsbetroffene Kinder finden beispielsweise aus der Armut nicht heraus, wenn sie für ihre mittellosen Eltern die Pflegekosten und vielleicht nach deren Tod sogar noch Schulden bezahlen müssen. Kinder, die von ihren Eltern geschlagen und misshandelt wurden, müssen dennoch die Kosten für das Begräbnis ihrer Eltern übernehmen. Und Menschen ohne Kinder sind gefährdet, weil keiner für sie aufkommt, wenn sie pflegebedürftig werden. Da Gesellschaften nicht in diesem Ausmaß von Zufällen abhängen sollten, hat man in vielen westlichen Ländern längst Sozialwesen etabliert, die allen Menschen das Recht auf Pflege im Alter und ein würdiges Begräbnis zugestehen. Dennoch halten sich auch in unseren ausgebauten Sozialstaaten Gesetzesparagraphen, denen zufolge Kinder zumindest für einen Teil der elterlichen Pflegekosten oder auch deren Insolvenz aufzukommen haben.

Eine breite Diskussion hat vor einigen Jahren beispielsweise die Entscheidung des deutschen Bundesgerichtshofs ausgelöst, die unter dem Titel ›Rabenvater-Urteil‹ in die Presse einging und die ich bereits kurz erwähnte: Im Februar 2014 verpflichtete der deutsche Bundesgerichtshof einen Beamten, sich mit rund 9000 Euro an den Kosten für das Pflegeheim zu beteiligen, in dem dessen Vater bis zu seinem Tod gelebt hatte. Der Sohn hatte sich zuvor gerichtlich gegen eine solche staatlich verordnete Unterhaltspflicht gewehrt: Sein Vater habe den Kontakt zu ihm bereits abgebrochen, als er achtzehn Jahre alt gewesen sei. Seine Versuche, die Beziehung zum Vater aufrechtzuerhalten oder neu zu knüpfen, habe der Vater stets abgelehnt. Darüber hinaus war er vom Vater im Testament enterbt worden. Wieso also sollte er dennoch als

Sohn für die Pflegekosten dieses treulosen Vaters aufkommen? Während das Oberlandesgericht dem Sohn recht gab und ihn von seiner Zahlungspflicht befreite, entschied der Bundesgerichtshof in letzter Instanz anders: Auch wenn der Vater das familiäre Band zerschnitten habe, kümmerte er sich in den ersten achtzehn Lebensjahren seines Sohnes doch um diesen, lautete die Urteilsbegründung. Auch die Enterbung des Sohnes führe nicht dazu, dass der Vater seinen Anspruch auf Elternunterhalt verwirke. Er habe lediglich von seinem Recht Gebrauch gemacht, selbst über sein Vermögen zu bestimmen. Das Bundesgericht befand darum, der Sohn müsse seiner Unterhaltspflicht nachkommen und sich an den Pflegekosten beteiligen – und zwar genau aus dem Grund, dass der Sohn während seiner Kindheit Leistungen von seinem Vater bezogen habe, die er dem Vater schuldig geblieben sei.[12]

Nun müssen Rechtsvorschriften natürlich nicht zwingend mit der Behauptung einer moralischen Verantwortung begründet sein. Es können auch viele andere Kriterien in Gesetzgebungen hineinspielen. Das ›Rabenvater-Urteil‹ etwa könnte eben auch mit staatlichen Effizienzkriterien oder gesamtgesellschaftlichen Fairnessüberlegungen gerechtfertigt werden. Und umgekehrt ist denkbar, dass Kinder zwar eine spezielle Pflicht gegenüber ihren Eltern haben, dass entsprechende Gebote jedoch nicht in die Rechtsprechung überführt werden sollten. Denn sicherlich gilt, dass wir nicht alles, was wir moralisch falsch finden, mit Rechtsnormen sanktionieren können und sollen – denken wir etwa an die weit geteilte Vorstellung, dass es falsch sei, einen Seitensprung zu begehen oder ihn hernach nicht zu beichten, dass aber ein entsprechendes Gesetz bizarr anmuten würde (mal ganz abgesehen von der Schwierigkeit seiner Anwendbarkeit). Die juristische

Debatte über die Legitimation einer staatlichen Verpflichtung erwachsener Kinder ist deshalb zu trennen von der moralischen Frage, ob sich filiale Pflichten überhaupt überzeugend begründen lassen – und nur um letztere geht es hier.

Auch wenn also aus einer Rechtsnorm keine moralische Norm abzuleiten ist, sind in Rechtsnormen dennoch oft tiefreichende soziale Erwartungen kondensiert. Und genau das scheint mir in Bezug auf die Frage, ob Kinder ihren Eltern etwas schulden, der Fall zu sein. Doch sind solche Erwartungen oder Konventionen immer wieder auf ihre Grundannahmen hin zu überprüfen und kritisch zu hinterfragen. Würden wir herrschende Vorstellungen eins zu eins als ewig geltendes moralisches Gesetz interpretieren, dann würden wir noch heute das Verbot der Ehescheidung, rassistische Gesetze oder die Diskriminierung von Homosexuellen als richtig erachten. Die Kritik an den entsprechenden Konventionen und Gesetzen war und ist weiterhin nur möglich, wenn wir unsere moralischen Urteile unabhängig machen von dem, was Personen unhinterfragt glauben und mit Verweis auf die Tradition ungern aufgeben möchten. Dieser Prozess ist *iterativ*, er wird also nie abgeschlossen sein, und zuweilen streiten wir sehr lange darüber, was die richtige moralische Position hinsichtlich einer bestimmten Frage sein könnte. Darf man beispielsweise – moralisch gesehen – Menschenaffen als Versuchstiere einsetzen? Dürfen Frauen als Leihmütter die Kinder anderer Paare austragen? Sollte demenzkranken Menschen die Inanspruchnahme der Beihilfe zum Suizid erlaubt sein? Wie bei diesen Fragen können wir auch für unser Problem sagen: Selbst wenn in vielen Gesetzgebungen die Kinder für ihre alt gewordenen Eltern mit dem Verweis darauf zur Kasse gebeten werden, dass sie gewissermaßen in deren Schuld stehen, weil die Eltern früher einmal für sie aufgekommen sind – gibt es dafür auch *moralisch* gesehen gute Gründe? Sind die diesbezüglichen Intuitionen also gerechtfertigt? Schulden Kinder ihren Eltern eine Rückzahlung der Güter, die sie während ihrer Kindheit in großem Umfang von ihnen bezogen haben?

Ich habe zu zeigen versucht, warum ich das nicht glaube. Elternschaft ist keine Altersvorsorge – weder finanziell, noch emotional. Wenn es auch oft heißt, Kinder seien im Alter die einzige Freude, so ist das noch lange kein Grund, Kinder in die Welt zu setzen. Kinder sind nicht die Schuldner ihrer Eltern. Natürlich aber haben Kinder ihren Eltern gegenüber insofern Pflichten, als Eltern in erster Linie auch Menschen sind, denen mit Achtung und Menschlichkeit zu begegnen ist. Kinder schulden ihren Eltern deshalb klarerweise all das, was wir alle einander schulden: Wir dürfen einander nicht verletzen (es sei denn, es handelt sich um Notwehr), und wir sollten einander in akuten Notsituationen beistehen. Dass wir unsere Eltern entsprechend weder bestehlen noch betrügen dürfen, und dass wir einen Notarzt rufen sollten, wenn unser Vater einen Herzinfarkt erleidet, versteht sich von selbst. Doch das ist nicht, was wir wissen wollten, wenn wir in diesem Kapitel fragten, ob Kinder ihren Eltern verpflichtet sind. Vielmehr wollten wir eine Antwort auf die Frage finden, ob wir unseren Eltern über die für jede beliebige Beziehung denkbaren allgemeinen moralischen Gebote hinaus verpflichtet sind. Gibt es da mehr, was uns und unsere Eltern in einem normativen Sinn, das heißt auf der Grundlage von moralischen Werten, Rechten und Pflichten speziell verbindet? Schuld jedenfalls ist für eine solche Pflicht offensichtlich keine überzeugende Grundlage.

3 DANKBARKEIT

»Alles, was ich bin, verdanke ich meiner Mutter.
Ich führe allen Erfolg in meinem Leben auf die sittliche,
geistige und physische Erziehung zurück, die ich von ihr bekam.«
GEORGE WASHINGTON

»Die Eltern, die Dankbarkeit von ihren Kindern erwarten
(es gibt sogar solche, die sie fordern),
sind wie Wucherer, sie riskieren gern das Kapital,
wenn sie nur die Zinsen bekommen.«
FRANZ KAFKA[1]

Die Familienbeziehung kann nicht sinnvoll als ein Verhältnis zwischen Gläubiger und Schuldner beschrieben werden, das hat das letzte Kapitel gezeigt. Zwar haben Eltern in aller Regel eine Menge für ihre Kinder getan. Doch Kinder haben bei ihrer Geburt nicht in eine Art Fürsorgevertrag eingewilligt, dessen bezogene Leistungen sie im Erwachsenenleben begleichen müssen. Der schiere Umstand, dass wir alle von jemandem geboren wurden, lädt uns keine Schuld auf, die wir als Erwachsene abzutragen haben.

Doch selbst wenn es stimmt, dass wir unseren Eltern nichts zurückgeben müssen: Sind wir damit bereits komplett fein raus? Wäre es nicht zumindest angebracht, seinen Eltern *dankbar* zu sein für all das, was diese für einen getan haben? Gratis ist die Kinderaufzucht ja, wie gesagt, mitnichten. Damit meine ich nicht einmal nur die umfangreichen finanziellen Aufwendungen, die die Eltern statt in die Fürsorge und Erziehung ihrer Kinder auch in einige Weltreisen oder ein Eigenheim hätten investieren können. Ich meine ebenso sehr den Umstand, dass über diese finanziellen Investitionen hinaus Elternschaft emotional, sozial und körperlich ein Kraftakt ist und viele Paare vor große Herausforderungen stellt: Ein Säugling kann zum Folterinstrument des Schlafentzugs werden, ein trotzendes Kleinkind vermag ungeahnte Aggressionspotentiale zu wecken und Jugendliche bringen Eltern immer wieder an den Rand von Nervenzusammenbrüchen. Möglicherweise sind die diesbezüglichen Anforderungen im Vergleich zu früher sogar noch gestiegen, da das ›traditionelle Familienmodell‹, das noch den zweiten Teil des zwanzigsten Jahrhunderts prägte, mit einer meist strikten Arbeitsteilung einherging. Heute dagegen versuchen immer mehr Menschen, Familie und Beruf unter einen Hut zu bringen, und strampeln sich gleich an mehreren Fronten gleichzeitig ab, um dennoch mit einem dauerhaft schlechten Gewissen sowohl den eigenen Kindern als auch dem Partner oder der Partnerin und dem Arbeitgeber gegenüber zurückzubleiben. Doch auch in früheren Zeiten haben Eltern für ihre Kinder gesorgt, sie ernährt und erzogen, sie bei Krankheit gepflegt und bei Trauer getröstet, und viele Frauen haben wegen ihrer Kinder ganz auf ein Leben in Unabhängigkeit und berufliche Erfüllung verzichtet. Was also liegt näher als der Gedanke, dass wir uns den Menschen gegenüber, die uns über Jahre hinweg ernährten und umsorgten und die für uns viele Opfer brachten, zumindest irgendwie erkenntlich zeigen sollten?

Sicher: Dankbarkeit an den Tag zu legen, ist ganz allgemein gesprochen eine Tugend erster Güte. Folgen wir dem römischen Philosophen Cicero, so ist die Dankbarkeit nicht nur die größte, sondern sogar die Mutter aller anderen Tugenden. Denn dankbare Menschen verkörpern in aller Regel eine Haltung der Welt gegenüber, die es ihnen einfacher macht, beispielsweise auch demütig, gerecht und großherzig zu sein – alles Eigenschaften oder eben Tugenden, die wir an anderen Menschen schätzen und vorteilhaft finden. Es erstaunt also wenig, dass wir Kindern Dankbarkeit beizeiten beibringen, oft sogar als erste moralische Regel überhaupt: Für ein Geschenk hat das Kind sich artig zu bedanken, ebenso dafür, dass die Spielkameradin im Sandkasten ihren Bagger zu teilen bereit ist. Denn »Danke« ist zwar nur ein winziges Wort, es kann aber eine phänomenale Wirkung entfalten: Ein Wort des Dankes macht die Mühen, die man für andere auf sich genommen hat, vergessen, und es stimmt jene, denen wir vielleicht etwas zu viel abverlangt haben, wieder milde. Das wussten nicht zuletzt auch die cleveren Werber der Schokolade »Merci«, die mit herzerwärmenden Filmen dafür plädieren, andere Menschen dann und wann zu überraschen mit einer Geste der Dankbarkeit für das, was sie uns zuliebe tun.

Ganz abgesehen davon, dass also Dankbarkeit so etwas wie ein universelles Schmiermittel für soziale Beziehungen darstellt, ist sie aber auch subjektiv gesehen eine angenehme Einstellung. Dankbare Menschen sind, wie Studien der positiven Psychologie zeigen, zumeist auch zufriedenere Menschen. Kein Wunder, denn sie fühlen sich beschenkt durch das, was ihnen widerfährt, und nehmen ihr Glück nicht als selbstverständlich hin. Dankbare Menschen sind deshalb ausgeglichener, weniger depressiv und weniger gestresst, und sie verfügen über mehr Ressourcen, Schwierigkeiten in ihrem Leben zu meistern.[2] Dabei reagieren dankbare Menschen auf ein- und dieselben Umstände anders als Personen, die nicht zu Dankbarkeit neigen: Die dankbare Person sieht das halbvolle anstelle des halbleeren Glases und findet in dem, was ihr beschieden ist, stets auch einen Grund zum Glück. Dem Philosophen Francis Bacon schreibt man in diesem Sinne sogar das Bonmot zu: »Nicht die Glücklichen sind dankbar. Es sind die Dankbaren, die glücklich sind.« Dankbarkeit ist also in vielen Fällen zweifelsohne eine wunderbare Sache, und wir können deshalb vielleicht zu Recht sagen: Wir sollten unseren Eltern dankbar sein.

Dieses Sollen ergibt sich jedoch lediglich aus dem Grund, dass unser Leben einfach geschmeidiger und glücklicher verläuft, wenn wir hie und da Dankbarkeit an den Tag legen. Es liegt also in unserem Eigeninteresse, dankbar auf die Welt und auf die Menschen um uns zu blicken. Wonach ich aber an dieser Stelle suche, ist ein *moralisches* Sollen: ein Imperativ, der auf einer Pflicht beruht und nicht auf Überlegungen darüber, was uns letztlich glücklich macht. Anders gesagt, suchen wir nach einem Sollen, das ein Müssen ist, das also zwingenden Charakter hat und dem nachzukommen eingefordert werden kann. Denn wir wollen ja in diesem Buch herausfinden, ob Kinder ihren Eltern etwas schulden, und eine solche mögliche Pflicht könnte die zur Dankbarkeit sein. Sollten Kinder ihren Eltern aber im Sinne einer *Pflicht* dankbar sein, *müssten* sie Dankbarkeit an den Tag legen, und die Eltern könnten berechtigterweise empört reagieren, bliebe ein Zeichen der Erkenntlichkeit aus. Müssen Kinder ihren Eltern in diesem starken Sinne dankbar sein? Und gibt es, umgekehrt gefragt, auch undankbare Kinder, die sich moralisch falsch verhalten – mal abgesehen davon, dass sie einen Fehler begehen, weil sie unglücklicher sein dürften als dankbare Kinder?

Um diese Fragen beantworten zu können, müssen wir zuerst klären, *wofür* Kinder ihren Eltern überhaupt zu Dankbarkeit verpflichtet sein sollten, was also der Gegenstand sein könnte, für den sich Kinder erkenntlich zeigen müssten. Eine naheliegende Antwort darauf lautet: für das Leben an sich. Unsere ganze Existenz hängt schließlich ab vom Willen unserer Eltern, uns tatsächlich – im wörtlichen Sinn – zur Welt zu bringen. Hätten unsere Väter und Mütter uns nicht gezeugt oder hätte unsere Mutter die Schwangerschaft mit uns abgebrochen, existierten wir nicht und hätten folglich auch nicht die Möglichkeit, die schönen Seiten unseres Lebens zu genießen.

Die Schauspielerin Natalie Portman bedankte sich 2011 in ihrer Rede bei den Oscar-Verleihungen für die Auszeichnung als beste Schauspielerin tatsächlich wortwörtlich bei ihren Eltern dafür, dass sie ihr das Leben geschenkt und ihr damit auch ermöglicht haben, diesen großartigen Moment überhaupt zu erleben.[3] Nun wissen wir natürlich nicht, was Natalie Portman zum Zeitpunkt ihrer Rede genau durch den Kopf ging. Möglicherweise wurde sie einfach überwältigt von diesem phantastischen Augenblick und brachte mit dem Dank für ihr Leben zum Ausdruck, wie glücklich sie überhaupt war, auf der Rednertribüne zu stehen, diese bedeutende Auszeichnung zu erhalten, das Leben zu leben, das in ihrem Fall so wunderbar zu verlaufen schien. Dankbarkeit, so verstanden, ist ein Gefühl, das uns erfüllen kann, ohne dass wir einer bestimmten Person für etwas Konkretes dankbar sind. Wir sprechen in diesem Zusammenhang von sogenannter *propositionaler Dankbarkeit* – einer Dankbarkeit, die sich auf Umstände bezieht, die niemand im eigentlichen Sinn verursacht hat, sondern die sozusagen ›vom Himmel fallen‹. So bin ich beispielsweise dankbar, in einem so reichen und sicheren Land wie der Schweiz geboren worden zu sein. Und ich bin dankbar, dass meine Kinder gesund sind und dass ich eine Arbeit habe, die ich liebe. Man kann auch dankbar dafür sein, dass der Krebsabstrich unauffällig ausgefallen ist, dass es am Hochzeitstag nicht regnete oder dass der Zug Verspätung hatte und man ihn trotz Verschlafen noch erreichte. Solche Dankbarkeit kann uns wie ein warmes Gefühl durchfluten oder sich in Form von Erleichterung in uns breitmachen: »Alles wunderbar, Schwein gehabt, nochmal gut gegangen.« Viele Menschen kennen solche Momente der Dankbarkeit auch mit Blick auf die eigene Kindheit, etwa wenn sie Bilder aus Krisenregionen sehen und sich vorstellen, sie hätten an einem solchen Ort zur Welt kommen können. Manche Menschen empfinden angesichts solcher Vorstellungen auch Dankbarkeit gegenüber dem Schicksal oder gegenüber Gott. Doch ist dieses eher diffuse Gefühl der Dankbarkeit, das nahe an der Demut liegt, niemandem geschuldet – es sei denn, jemand glaubt an einen personalen Gott, dem er sein Glück direkt verdankt.[4] Eltern haben zu den genannten glücklichen Umständen in aller Regel kaum oder gar nicht beigetragen, und deshalb schulden wir ihnen *dafür* auch keine Anerkennung.

Gut möglich, dass Natalie Portman in ihrer Rede also eigentlich einer höheren Macht dankte und gar nicht ihren Eltern. Vielleicht jedoch wollte sie durchaus zum Ausdruck bringen, dass sie *konkret* ihren Eltern für die eigene Existenz dankbar ist. Wenn sie so empfindet, handelt es sich um sogenannte *präpositionale Dankbarkeit*: Dankbarkeit für ein Geschenk oder eine Wohltat, die einem eine bestimmte Person hat zukommen lassen.[5] Dankbarkeit in diesem Sinne ist stets eine Dreiecksbeziehung: zwischen einer dankbaren Person, die etwas empfängt, einer Person, die dieses Etwas verschenkt, und diesem Etwas an sich. Ich bin beispielsweise meinen Eltern dankbar dafür, dass sie mir eingetrichtert haben, dass man sich zur Begrüßung erhebt – eine Anstandsregel, die mir schon als Kind immer wieder nützlich war, weil die Erwachsenen das so charmant fanden.

Kann die eigene Existenz Gegenstand präpositionaler

Dankbarkeit gegenüber den Eltern sein? Einige mögen tatsächlich so empfinden. Doch bezweifle ich, dass es eine entsprechende Pflicht gibt. Denn *erstens* scheint es eigenartig, den Eltern für die eigene Existenz dankbar sein zu *müssen*, da die Möglichkeit, überhaupt eine Pflicht zu haben, wiederum von der eigenen Existenz abhängt. Dankespflicht und Existenz würden sich also gegenseitig bedingen: Das Kind muss seinen Eltern dankbar sein, dass es am Leben ist, es kann aber nur dankbar sein, insofern es lebt. Das klingt – wie bereits bei der Schuldnerpflicht – nach einer Variante der biblischen Erbsünde: Das Kind kommt bereits mit einer Last zur Welt, die es von nun an abzutragen hat, oder ihm wird mit der Geburt ein Geschenk aufgedrängt, für das es lebenslänglich dankbar zu sein hat. Beides wiegt umso schwerer, als diesen Pflichten offenbar nicht entronnen werden kann. Immanuel Kant warnte in seiner *Vorlesung über die Ethik* sogar davor, sich überhaupt jemals in die Schuld der Dankbarkeit zu begeben. Für ihn lassen sich Dankbarkeitspflichten nämlich nie gänzlich abhaken, sie bestehen immer weiter – und deshalb sollte man sie sich nicht leichtsinnig aufhalsen lassen.[6] Mit Blick auf das Geschenk unseres Lebens hätten wir jedoch gar keine andere Wahl. Vor allem aber müssten dann nur jene Kinder dankbar sein, die das Lebensgeschenk auch tatsächlich von ihren Eltern erhalten haben, sprich: von ihnen gezeugt und ausgetragen wurden – und damit weder die Kinder von Adoptiveltern noch Kuckuckskinder. Das mutet aber insofern eigenartig an, als vielleicht gerade Personen, die Kinder adoptieren, dies aus gänzlich altruistischen Motiven tun – etwa, um einem heimatlosen Kind ein neues Zuhause zu schenken. Sollten auch diese Kinder ihren Eltern dankbar sein, bräuchte die entsprechende filiale Pflicht aber eine weitere Quelle, abgesehen vom Lebensgeschenk an sich. Und was wiederum wäre mit Kindern, die mit gespendeten Samen- oder Eizellen gezeugt wurden? Müssten diese Kinder den jeweiligen Keimzellspendern für das Lebensgeschenk dankbar sein – oder den Eltern, die diese Keimzellen genutzt haben, um eine Schwangerschaft herbeizuführen?

Neben derartigen Unklarheiten wiegt allerdings ein *zweiter* Einwand gegen eine Pflicht zur Dankbarkeit für das Lebensgeschenk schwerer, nämlich die Tatsache, dass Existenz für sich genommen gar nicht zwingend etwas Gutes ist. Das lässt sich an einem kruden Beispiel aus dem Arsenal der philosophischen Gedankenexperimente erläutern: Stellen wir uns vor, wir werden von Aliens auf einem fremden Planeten in Laboren gezüchtet, als Futter für die Alienbabys, die unser Fleisch genüsslich verzehren. Unsere Zeugung erfolgt allein zum Zweck der Ernährung der Kinder der Aliens.[7] Wäre unsere Existenz unter diesen Umständen ein Geschenk, für das wir den Aliens dankbar sein sollten? Selbstverständlich wäre unsere Geburt für die Aliens von Vorteil. Und je nachdem, ob wir uns die Aliens als gute Wesen vorstellen, die auf unsere Zeugung als Futterquelle angewiesen sind, könnte man sogar sagen, dass unsere Existenz auch objektiv gesehen eine gute Sache wäre. Wollen wir aber wissen, ob wir den Aliens für unsere Existenz dankbar sein sollen, muss diese Existenz wertvoll sein *für uns*. Und das ist in diesem Fall wohl kaum gegeben.

Man kann sich nun leicht Beispiele vergegenwärtigen, in denen Personen zwar nicht als Alienfutter gezeugt werden, aber ihre eigene Existenz dennoch kaum als Geschenk empfinden dürften – nämlich all jene Fälle, in denen Kinder von ihren Eltern misshandelt oder gequält werden. Es wäre beispielsweise grausam, von den Kindern des Sadisten Josef Fritzl zu erwarten, sie sollten ihm dankbar dafür sein, dass er sie in die Welt gesetzt hat. Fritzl zeugte mit seiner Tochter, die er jahrelang im Keller gefangen hielt, in einem inzestuösen Verhältnis sieben Kinder; das schwer fassbare Verbrechen wurde 2008 aufgedeckt. Man versteht in einem solchen Kontext eher, wenn Personen sagen, sie wünschten, sie wären nie geboren worden, als wenn sie dankbar sind, von ihrem Vater gezeugt worden zu sein. Vermutlich werden jene Kinder, die ihr Leben als positiv bewerten, ihr Leben viel eher als Geschenk empfinden. Natalie Portman dankt ihren Eltern ja nur deshalb dafür, dass sie am Leben ist, weil die Eltern die Bedingungen dafür geschaffen haben, dass sie ein gutes, schönes Leben führen kann, durch das sie sich offenbar reich beschenkt fühlt.

Wenn Kinder ihren Eltern also dankbar sein sollten für ihr Leben, dann wohl kaum für ihre Existenz an sich, sondern dafür, dass die Eltern sich bemüht haben, ihnen ein *gutes* Leben zu ermöglichen. Der deutsche Philosoph Arthur Schopenhauer war zwar der Meinung, Leben an sich sei Leiden, weshalb das Lebensgeschenk stets eine Zumutung bleibe, ganz egal, wie sehr die Eltern auch sich bemühten.[8] So negativ dürften aber zum Glück die Wenigsten von uns über das irdische Dasein denken. Wir können also die Frage stellen, ob wir unseren Eltern wenigstens dankbar dafür sein sollten, dass sie uns das Leben angenehm und sinnvoll eingerichtet haben – für die Erziehung, das Dach über dem Kopf, ihre Liebe? Meine Eltern haben dafür gesorgt, dass ich sauber gekleidet war und mich nicht allein von Sirup und Nutellabroten ernährte. Sie haben Geburtstage mit mir gefeiert und sich, wenn ich krank war, um mich gekümmert. Sie sind mit mir in die Ferien gefahren und haben mir beigebracht, wie man die Uhr liest und die Schnürsenkel bindet – und ebenso, dass man sich für Geschenke bedankt. Meine Eltern haben mich eine Vielzahl von Lektionen gelehrt. Sollte ich ihnen dafür nicht dankbar sein?

An dieser Stelle wird deutlich, dass bei der Beantwortung unserer Frage ein interessantes Problem auftaucht, das dieses ganze Buch begleitet und auf das wir bereits beim Nachdenken über die Schuldfrage gestoßen sind: Die Beschreibung meiner Kindheit beziehungsweise der Güter, die ich von meinen Eltern erhalte habe, ist eine sehr persönliche. Sie lässt sich ganz offensichtlich nicht ins Allgemeine wenden. Es ist natürlich schön, dass es viele Menschen gibt, die sich ihren Eltern dankbar verbunden fühlen und für die sich eine ›Schuldfrage‹ gar nie stellt. Aber einerseits können eben auch mit ihrer Kindheit versöhnte Erwachsene irgendwann in eine Situation kommen, in der sie sich fragen, was sie für ihren Vater, für ihre Mutter tun sollten und ab welchem Punkt sie sich abgrenzen dürfen. Deshalb stellt sich selbst für an und für sich dankbare Kinder zuweilen die Frage nach der filialen Pflicht, die dieses Buch umkreist. Andererseits sind eben nicht alle Kinder glücklich, wenn sie an ihre Vergangenheit denken. Denn es ist eine traurige Tatsache, dass längst nicht alle Kinder Eltern haben, die sich liebevoll um sie gekümmert haben, sondern dass auch in den sogenannten ›besten Familien‹ Verwahrlosung, Misshandlung und Demütigung vorkommen. Die Weltliteratur ist voll von Beispielen für Familientragödien, aufgrund derer Kinder lebenslang darum kämpfen, die ihnen von ihren Eltern zugefügten Wunden zu heilen – denken wir beispielsweise an John Burnsides *Lügen über meinen Vater* oder noch einmal an Franz Kafkas erschütternden *Brief an den Vater*. Kafka beschreibt in seinem Brief, den er nie abgeschickt hat und der erst posthum veröffentlicht wurde, wie sein Vater ihm zeitlebens mit Missgunst, Argwohn und Misstrauen entgegentrat. Die Überreichung seiner Veröffentlichungen quittierte der Vater mit nicht mehr als den Worten: »Leg's auf den Nachttisch«[9], die Heiratspläne des Sohnes durchkreuzte er, und die schriftstellerischen Erfolge seines Sohnes waren ihm ein Graus. Sollte Kafka seinem Vater tatsächlich dankbar sein für das, was er von ihm während seiner Kindheit erhielt? Wohl kaum.

Eine Pflicht zur Dankbarkeit haben darum, wenn überhaupt, nur jene Kinder, die zu Dankbarkeit auch *Anlass* haben, die von ihren Eltern also Zuwendung erhalten haben, die sie im Nachhinein als wichtig und wohltuend empfinden. Tatsächlich ist die positive Bewertung der Güter, die einem geschenkt werden, eine Bedingung für Dankbarkeit. Wir empfinden keine Dankbarkeit, wenn uns jemand ein Präsent überreicht, das von Achtlosigkeit oder sogar Spott zeugt. Würde mir meine Freundin zum dritten Mal dasselbe Buch schenken, fiele es mir wohl schwer, in ihrer Geste noch eine Gabe der Liebe zu sehen. Die elterliche Rechtfertigung »Wir haben es ja nur gut gemeint« kann dabei nicht als Entschuldigung taugen für Entmutigung und ständige Zurückweisung eines Kindes. Freilich begeben sich die Eltern dabei auf einen schmalen Grat zwischen der Motivation des Kindes, sich auf etwas Neues einzulassen und mit Ausdauer etwas einzuüben, und der Qual eines Kindes, weil man ihm die eigenen Präferenzen aufoktroyieren will. Und wo dieser Grat exakt verläuft, ist durchaus strittig, denken wir etwa an die hitzige Debatte um die *Tiger Mom* Amy Chua, die ihre Töchter mit rigiden Erziehungsmethoden auf Erfolg drillte und heute behauptet, ihre Töchter seien ihr dankbar dafür.[10] Der Umstand, dass von außen betrachtet nicht eindeutig gesagt werden kann, ob Kinder von ihren Eltern in einem positiven Sinn gefördert und deshalb auch beschenkt wurden oder eher gequält und gedemütigt, darf aber nicht dazu führen, dass wir eine Pflicht zur Dankbarkeit von vornherein ausschließen. Sie könnte ja nach wie vor für jene Kinder bestehen, die eindeutig eine hinreichend gute Kindheit hatten.

Nun haben wir allerdings gesehen, dass Dankbarkeit auch von der inneren Disposition abhängt, das Gute in dem zu sehen, was einem zukommt oder widerfährt. Dankbarkeit ist nämlich – anders, als ich oben verkürzt gesagt habe – keineswegs einfach ein Gefühl, das sich einstellt oder nicht und uns also wie beispielsweise Hunger oder Kälte ohne unser Zutun befällt. Wie geschildert, gibt es Menschen, die von Grund auf eher zu Dankbarkeit neigen und entsprechend das, was ihnen geschenkt wurde, positiver beurteilen als andere Menschen, die dazu neigen, sich eher benachteiligt zu fühlen. Gerade weil Dankbarkeit also etwas mit einer charakterlichen Disposition zu tun hat, wird sie auch, wie gesagt, zu den klassischen Tugenden gezählt. Tugenden ›haben‹ wir jedoch nicht einfach, sondern es gilt, sie zu erwerben, zu kultivieren, »an uns zu arbeiten«, wie wir sagen. Der tendenziell Neidische und die oft Eifersüchtige werden eher nicht dankbar sein für das, was ihnen zugefallen ist. Neid, Eifersucht und ähnliche Gefühle können aber auch den Blick auf die eigene Kindheit trüben: Hat die Schwester nicht stets das größere Geschenk erhalten und wurde sie nicht immer anderen gegenüber vorgezogen? Haben nicht die meisten Kinder großzügigere Eltern gehabt, hatte der Vater meiner Freundin nicht mehr Zeit für sie als mein eigener Vater? Hatte die Tante nicht mehr Geduld mit ihren Kindern als meine Mutter mit mir?

Ermahnen wir andere, dass sie doch ›dankbar sein sollten‹, verlangen wir von ihnen eine Korrektur ihrer Einschätzung: Sie sollen einzusehen bereit sein, dass sich vieles positiver darstellt, als sie sich einreden, und dass ihr Blick unangemessen kritisch ist. In Bezug auf die Frage, was Kinder ihren Eltern schulden, kann die Dankbarkeitspflicht demnach vielleicht als genau eine solche Ermahnung verstanden werden: »Sieh ein, was deine Eltern für dich getan haben und dass sie ihr Bestes versuchten, dass einiges durchaus gelungen ist, dass andere es weitaus schlechter hatten als du selbst. Erkenne an, dass du Grund zur Dankbarkeit hast, auch wenn du nicht so empfindest. Und bemühe dich, deinen Eltern gegenüber eine Haltung der Dankbarkeit einzunehmen!« Selbst wenn Kinder also keine Dankbarkeit *empfinden*, können sie dennoch Grund haben, Dankbarkeit zu *kultivieren*. Und ›gute Kinder‹ tun eben – wie wir im letzten Kapitel dieses Buches sehen werden – unter anderem genau dies: Sie bemühen sich, fair und wohlwollend auf ihre Familienverhältnisse zu blicken.

Wir können also sagen, dass es sich beim undankbaren Kind um eine Person handelt, die nicht bereit ist, das Gute zu sehen, das ihr widerfahren ist. Man könnte ihr Vorwürfe machen in Hinsicht auf ihre Tugendhaftigkeit oder auf einen Charakterfehler: Sie verweigert sich einem gütigen Blick auf das, was ihre Eltern für sie getan haben. Liest man die Einträge auf Internetportalen, auf denen sich Eltern austauschen, deren Kinder den Kontakt zu ihnen abgebrochen haben, trifft man auf genau solche Einschätzungen: Der Sohn oder die Tochter sind undankbar, weil er oder sie nicht hinreichend würdigen, wie sehr sich die Eltern stets um sie gekümmert und bemüht haben.

Doch was genau berechtigt eigentlich Eltern zu einer solchen Einschätzung? Nehmen wir an, ein Sohn sagt seinen Eltern: »Ich bin euch wirklich von Herzen dankbar für alles, was ihr für mich getan habt. Ich merke aber, dass mich die Beziehung zu euch zurzeit einengt und möchte eine Weile meine Wege gehen. Ich nehme einen Job in den USA an und bleibe erreichbar, aber bitte seid mir nicht böse, wenn ich zu Weihnachten nicht nachhause komme und mich überhaupt nicht allzu oft melden werde.« Wenn die Eltern ihren Sohn nach diesen Worten als undankbar empfänden, wäre dies gerechtfertigt?

An dieser Stelle stoßen wir auf eine weitere große Frage, die sich im Zusammenhang mit Dankbarkeitspflichten ergibt. Abgesehen von der Frage, *wofür* ein Kind seinen Eltern dankbar sein sollte, stellt sich nämlich die Frage, was der *adäquate Ausdruck* dieser Dankbarkeit wäre. Dankbarkeit verlangt auf jeden Fall ganz offensichtlich, sie auch zu *zeigen*. Es wäre eigenartig, wenn sich meine Schwester nicht dafür erkenntlich zeigen würde, dass ich extra früher aus einer Sitzung eile, um sie vom Flughafen abzuholen, und auf meinen diesbezüglichen Vorwurf lediglich entgegnete: »Ich bin dir doch dankbar!« Dankbar zu sein, verlangt offensichtlich – zumindest im Zusammenhang mit präpositionaler Dankbarkeit, die wir einer bestimmten Person gegenüber für eine konkrete Wohltat empfinden –, dass man dieser Dankbarkeit auch

Ausdruck verleiht. In welcher Weise dies geschieht, scheint aber offen. Zwar gibt es vermutlich einen ungefähren Bereich dessen, was jeweils als adäquate Geste der Dankbarkeit empfunden wird. Bittet mich beispielsweise jemand um ein Empfehlungsschreiben für sein Bewerbungsdossier und investiere ich viel Zeit und sende ihm das gewünschte Dokument, dann scheint lediglich eine knappe SMS seinerseits zum Dank doch etwas knausrig auszufallen. Entsprechend wäre ich irritiert und würde mich fragen, ob mein Schreiben möglicherweise zu kritisch ausgefallen ist. Umgekehrt wäre es aber auch unangemessen, bedankte sich die Person mit einer teuren Uhr für meine Dienste, denn dann wirkt es so, als habe sie sich meine Unterstützung kaufen wollen. Solche Grenzen der angemessenen Gratifikation müssen beispielsweise auch Ärzte beachten, die dazu angehalten sind, lediglich Geschenke anzunehmen, die sie nicht bestechlich aussehen lassen.

Die Vorstellung, dass Dankbarkeit nicht einfach nach irgendeinem, sondern nach einem *adäquaten* Ausdruck verlangt, spiegelt sich auch in Aristoteles' Vorstellung der Dankbarkeit als Tugend. Tugenden kennzeichnen stets den goldenen Mittelweg zwischen Übermaß und Mangel, in unserem Fall also zwischen devoter Dankbarkeit und hochnäsiger Undankbarkeit.[11] In vielen sozialen Beziehungen haben wir grob im Gefühl, was eine passende Gratifikation darstellt. Doch kommt es zwischen Eltern und ihren Kindern zu Spannungen und geht der Vorwurf der Undankbarkeit an die Adresse der Kinder, wird oft deutlich, dass uns dieses Gefühl mit Blick auf die Dankbarkeit unseren Eltern gegenüber ganz offenbar fehlt oder die diesbezüglichen Einschätzungen auseinandergehen. Das heißt nun wiederum nicht, dass wir nicht dankbar sind, sondern nur, dass wir unsicher sind, was aus unserer Dankbarkeit genau erfolgen soll. Jene, die meinen, Kinder schuldeten ihren Eltern Dankbarkeit, meinen damit nämlich wohl kaum nur, dass die Kinder dankbar auf ihre Kindheit blicken sollten, sondern sie sind der Ansicht, dass die Kinder ihren Eltern aus Gründen der Dankbarkeit etwas *zurückgeben* sollten von der Fürsorge und Zuwendung, die sie als Kinder erhalten haben.[12]

Die angemahnte Dankbarkeitspflicht ist also der Pflicht eines Schuldners verwandt, denn auch bei ihr geht es um Rückgabe. Dankbarkeit, so verstanden, ist nicht reduziert auf ein *Konzept der Tugendhaftigkeit*, das lediglich die dankbare Haltung der beschenkten Person verlangt, sondern wird erweitert um ein *Konzept der Schuldigkeit*. Anders als die im zweiten Kapitel diskutierte Idee der Eltern-Kind-Beziehung als Gläubiger-Schuldner-Verhältnis geht es hier aber nicht darum, dass das Kind im Erwachsenenleben einfach zurückgeben sollte, was es erhalten hat. Die Idee der Dankesschuld ist sehr viel vager. Doch geht auch sie mit einer Pflicht einher, auf deren Erfüllung die Eltern der Idee zufolge Anspruch haben: Kinder sollten sich um ihre Eltern kümmern oder sich für sie interessieren, weil sie ihnen genau das aus Gründen der Dankbarkeit schuldig sind. Das undankbare Kind ist so verstanden also nicht einfach jemand, der die Tugend der Dankbarkeit nicht verinnerlicht hat.[13] Sondern es unterlässt zu Unrecht, den Eltern etwas zu geben, worauf diese Anspruch hätten.

Diese neue Vorstellung einer ›Dankes*schuld*‹ ist jedoch ihrerseits mit zwei Schwierigkeiten konfrontiert, die auf je verschiedenen Lesarten der geforderten Dankbarkeit beruhen. Einer *ersten* Lesart zufolge bezieht sich die geforderte Dankbarkeit auf das, was die Kinder in Form von grundlegender elterlicher Zuwendung erhalten haben: Eltern schicken ihre Kinder für gewöhnlich zur Schule, sie gehen mit ihnen zum Arzt, wenn sie krank werden, sie sorgen dafür, dass die Kinder satt und sauber sind, frische Kleider anzuziehen haben und dass ein Pausenbrot im Schulranzen liegt. All diese Dinge sind aber nicht großzügige Geschenke von Seiten der Eltern, sondern es ist schlicht und einfach die elterliche *Pflicht*, ihre Kinder mit diesen Dingen zu versorgen. Haben Eltern jedoch mit ihrer Sorge um ihre Kinder bloß ihre Pflicht getan, dann ist nicht einsichtig, weshalb Kinder ihnen aufgrund solcher Pflichterfüllung Dank schulden sollten. Denn Pflichterfüllung generiert zumindest in den meisten Fällen keine Pflichten auf Seiten des Begünstigten.[14] Eltern müssen den Lehrern ihres Sohnes beispielsweise nicht dankbar dafür sein, dass sie ihm das Lesen beibringen, denn genau das gehört zu deren Aufgaben. Und wenn mir ein Arzt den Blinddarm herausoperiert, habe ich keine Pflicht, mich für seine Dienste erkenntlich zu zeigen, denn genau dafür ist der Arzt angestellt. Ich will damit gar nicht bestreiten, dass es den alltäglichen Umgang miteinander weitaus angenehmer macht, wenn wir uns auch dann erkenntlich zeigen, wenn Dankbarkeit nicht *geschuldet* ist. Sich im Alltag auch für simple Gesten zu bedanken – etwa, dass einem der Bäcker das Brot reicht, auf das man nach Bezahlung ja durchaus einen Anspruch hat –, ist, wie wir bereits gesehen haben, nicht nur ein Zeichen der Höflichkeit, sondern auch sozial sinnvoll. Eine solche Haltung der Dankbarkeit bringt in vielen Fällen jene Anerkennung zum Ausdruck, die unserem Gegenüber signalisiert, dass wir mit seinen Diensten zufrieden sind. Sie ist jedoch keine moralische Pflicht in dem Sinn, dass die Person, die ihrer Pflicht nachkommt, auch einen Anspruch auf eine solche Form von Dankbarkeit hätte.

Zugegebenermaßen ist das etwas vereinfacht dargestellt und stimmt nicht ausnahmslos: Verursacht eine Pflichterfüllung beispielsweise einseitig hohe Kosten, verändert sich die Sachlage. Das ist etwa in Nothilfeszenarien der Fall: Rettet mich jemand aus einem brennenden Haus, aus dem ich ohne Hilfe nicht mehr gelangen könnte, nimmt der Retter so große Risiken auf sich, dass ich ihm durchaus dankbar sein sollte. Das gilt vor allem in Fällen, in denen jemand nicht aufgrund seiner Rolle hilft, etwa als Feuerwehrmann, sondern einfach deshalb, weil er sieht, dass jemand dringend Hilfe braucht. Auch er ist zu Hilfe verpflichtet;[15] ihm nicht zu danken, scheint hingegen unpassend und – wie wir sagen würden – undankbar. Familienbeziehungen aber sind in der Regel keine Nothilfeszenarien, in die wir unfreiwillig hineinschlittern, sondern meist Verhältnisse, in die die Eltern eingewilligt haben, wohl wissend, dass eine Menge an langfristigen und umfangreichen Aufgaben auf sie zukommen würden, deren Erfüllung sie wiederum ihren Kindern schulden.

Allerdings gibt es Fälle, in denen die Erziehungsarbeit sehr viel aufwendiger ausfällt als erwartet und in denen Eltern für ihre Kinder tatsächlich immense Opfer bringen müssen. Sollten nicht zumindest jene Kinder ihren Eltern dankbar sein, die diesen fast unmenschlich viele Opfer abverlangten? Der in Australien lehrende Philosoph Simon Keller zieht zur Veranschaulichung dieser Idee einen Vergleich mit einem Umzug:[16] Ein Mann bittet zwei Freunde, ihm beim Kistenschleppen zu helfen. Der eine Freund hilft gern bei Umzügen, er hat an diesem Tag keine weiteren Pläne und wohnt um die Ecke, weshalb Keller ihn den »mühelosen Helfer« nennt. Der andere Freund ist der »aufopferungswillige Helfer«. Er wollte eigentlich surfen gehen, das Wetter am Umzugstag ist seit Monaten zum ersten Mal perfekt dafür, er wohnt weiter entfernt, und Kisten zu schleppen findet er mühsam. Dennoch packt auch er am Umzugstag an. Keller zufolge schuldet der Mann seinem zweiten Freund weitaus mehr Dankbarkeit als dem ersten, weil für den zweiten die zu erbringenden Opfer viel schwerer wogen als für den ersten. Das scheint plausibel. Aber ich glaube, dass es bei unserer Frage, ob Kinder ihren Eltern dankbar sein sollten, nicht wirklich weiterhilft. Denn wenn Eltern irgendwann feststellen, dass sie das mit dem Kinderhaben doch nicht so erfüllend finden und es ihnen sehr viel mehr Spaß macht, wieder wie früher auf Partys zu gehen und am Wochenende auszuschlafen, statt in aller Frühe auf den Spielplatz zu stapfen, wäre es doch unfair, wenn diese Kinder mehr Pflichten hätten als jene, deren Eltern »mühelose Helfer« sind, denen die Elternrolle gefällt und die die entsprechenden Aufgaben gerne übernehmen. Dass sich gewisse Eltern mehr als andere aufopfern müssen, weil sie die Elternrolle als etwas empfinden, das ihnen viel Mühe bereitet, sollten nicht die Kinder ausbaden müssen.

Manchmal liegt es aber nicht an den Präferenzen der Eltern, dass ihre Aufgaben ihnen so viel abverlangen, sondern es liegt an den Kindern oder auch an den Lebensumständen, unter denen die Kinder großgezogen werden – denken wir beispielsweise an Eltern, die ein behindertes oder krankes Kind haben und sich Tag und Nacht aufopfern und ihre Freundschaften, ihre Beziehung als Paar und ihren Beruf aufs Spiel setzen, um verlässlich für ihr Kind da zu sein. Haben diese Kinder, die ihre Eltern über die Maße in Anspruch genommen haben, später eine spezielle Pflicht zur

Dankbarkeit? Auch das glaube ich nicht. Denn würden wir einer kranken oder behinderten Person Extrapflichten aufbürden, weil sie in ihrer Kindheit mehr Fürsorge brauchte als ihre Geschwister, dann würde das ihren Nachteil verdoppeln und wäre damit massiv unfair: Einerseits hatte das entsprechende Kind trotz aller gesellschaftlichen Bemühungen eine schwierigere Ausgangslage als andere, andererseits halsen wir ihm eine weitere Bürde auf, nämlich jene der Dankesschuld. Eltern haben die Pflicht, sich um ihre Kinder zu kümmern, selbst wenn diese Verantwortung sehr umfangreich ausfallen kann. Welches Kind zu einem stößt – ob es ein sogenanntes ›pflegeleichtes‹ Wesen ist oder ob es spezielle Zuwendung benötigt –, lässt sich nicht wählen. Vielmehr gehört zum Risiko der Elternschaft dazu, dass das eigene Kind einem einiges abverlangen kann. Der griechische Philosoph Demokrit folgerte deshalb pessimistisch: »Kinder aufziehen ist eine unsichere Sache; geht es gut, dann hat man davon ein Leben voll Kampf und Sorge gehabt; geht es schlecht, ist der Kummer bitterer als jeder andere.«[17] Ungleiche Aufwendungen und überfordernde Aufgaben sollte die Gesellschaft auf jeden Fall ausgleichen mit entsprechenden Hilfestellungen für besonders belastete Eltern; das Kind jedoch schuldet seinen Eltern deshalb nicht mehr und nichts anderes als ein gesundes Kind. Denn kein Kind hat die Pflicht, seinen Eltern dankbar dafür zu sein, dass sie ihrer Fürsorgepflicht nachgekommen sind und ihm jenen Schutz gewährt haben, auf den es Anrecht hat.

Doch was ist mit Eltern, die in ihrer Fürsorge weit über das hinausgehen, was Gegenstand ihrer elterlichen Pflichten wäre? Damit sind wir bei der *zweiten* Lesart der geforderten Dankbarkeit. Während sich der ersten Lesart zufolge die Dankespflicht auf die grundlegende Fürsorge bezieht, die Eltern ihren Kindern zukommen lassen, bezieht sich die kindliche Dankbarkeitspflicht in der zweiten Lesart auf das, was in der Philosophie als *supererogatorische Leistungen* bezeichnet wird: Sie sind zwar wünschbar, aber dennoch nicht Gegenstand einer Pflicht. Es handelt sich also um Gaben, die nicht verlangt sind, aber durchaus dem Wohl anderer Menschen zuträglich.[18] So wäre es beispielsweise nett, würde ich meiner betagten Nachbarin anbieten, jede Woche für sie einkaufen zu gehen und ihr all jene Dinge nachhause zu tragen, die sie selbst nicht zu schleppen vermag. Sicherlich aber ist das nicht meine Pflicht. Entscheide ich mich dennoch, meiner Nachbarin das wöchentliche Einkaufen abzunehmen, wäre es gleichwohl angemessen, meine Nachbarin würde sich für meine großzügige Geste und meine Mühe bei mir bedanken.

Auch Eltern können in ihrem Engagement weit über das hinausgehen, was zu ihren Pflichten gehört, und sogenannte *supererogatorische Handlungen* vollziehen, die gut und lobenswert sind, aber eben nicht geboten. Sie können beispielsweise auf ein kostspieliges Hobby verzichten, um ihrem Sohn das gewünschte Auslandsjahr an einer teuren Privatschule zu finanzieren, oder sie können das sportliche Talent ihrer Tochter fördern, indem sie sie nicht nur zum Training begleiten, sondern die Familienurlaube fortwährend nach den Turnieren ausrichten. Nehmen wir einmal an, die Kinder freuen sich über das elterliche Engagement und sagen als Erwachsene, dass sie ohne die Unterstützung der Eltern nie diese sportliche Karriere hingelegt oder es bis zur Professur geschafft hätten – sind diese Kinder ihren Eltern dann zu Dank verpflichtet?

Möglicherweise sind sie das tatsächlich, und vielleicht ist

genau das der Grund, aus dem sich Natalie Portman bei ihren Eltern bedankt hat: weil sie nämlich der Meinung ist, dass sie der speziellen Förderung durch ihre Eltern bedurfte, um heute an dem Punkt ihrer Schauspielkarriere zu stehen, an dem sie steht. Viele Kinder empfinden so, und dagegen ist nichts einzuwenden. Wäre Dankbarkeit für supererogatorische Leistungen der Eltern aber eine filiale Pflicht, stellte sich die Frage, wo die Supererogation beginnt respektive wo die elterliche Verantwortung endet. Wo verlaufen die Grenzen zwischen dem, was zur Elternschaft nun einmal pflichtgemäß hinzugehört, und dem, was besonders engagierte Eltern auszeichnet? Und wo beginnt der viel diskutierte Förderwahn, den Kinder wiederum eher als negativ erleben dürften, weil er sie unter Druck setzt? Die Antwort auf diese Frage könnte nur im Rahmen einer Theorie elterlicher Pflichten gegeben werden, um die es in diesem Buch, das über allfällige Pflichten auf Seiten *der Kinder* nachdenkt, nicht gehen kann.

Die Vorstellung, erwachsene Kinder *schuldeten* ihren Eltern Dankbarkeit oder zumindest Leistungen als Ausgleich, ist außerdem mit einem weiteren Problem konfrontiert: Dankbarkeit scheint nur mit Blick auf Gaben angebracht, die uns nicht aufgezwungen wurden, Gaben also, die wir auch hätten ausschlagen können.[19] Dieses Problem haben wir in ähnlicher Weise bereits bei der Schuldnerpflicht angetroffen, und es taucht an dieser Stelle leicht nuanciert auf. Wenn ich für meine Nachbarin ungefragt einkaufen gehe und dann im Gegenzug Dankbarkeit von ihr erwarte, begehe ich einen Fehler, denn möglicherweise schätzt sie meinen Eifer gar nicht. Allerdings ist die Frage, was ›aufzwingen‹ im Rahmen der elterlichen Fürsorge heißen würde. Stellen wir uns eine aufopferungsvolle Mutter vor, die ihrem Sohn regelmäßig gefüllte Einmachgläser vorbeibringt, ihm ungebeten seine Wäsche bügelt und seine Wohnung putzt. Auf die Nachfragen des Sohnes hin betont die Mutter stets, sie mache das gern für ihn, weshalb er sie gewähren lässt, ihren Diensten durchaus nicht abgeneigt. Irgendwann jedoch erkrankt sie und erwartet nun im Gegenzug, dass er regelmäßig vorbeikommt, für sie kocht, ihre Wohnung sauber hält und ihre Wäsche macht. Der Sohn wehrt sich: Er hat weder Zeit noch Lust, sich in dieser umfassenden Weise um seine Mutter zu kümmern. Er beauftragt eine ambulante Pflegehilfe, sich um seine Mutter zu kümmern, und ruft bloß ab und zu an. Die Mutter ist unzufrieden mit dieser Lösung und wirft ihrem Sohn Undankbarkeit vor. Meiner Meinung nach zu Unrecht. Denn sie hat dem Sohn ihre Gaben zwar nicht physisch aufgezwungen, aber doch unaufgefordert zukommen lassen, und entsprechend ist er zumindest mit Blick auf diese Güter nicht zu Dankbarkeit verpflichtet – was wiederum nicht heißt, dass der Sohn nicht dankbar sein darf; ganz im Gegenteil. Dankbarkeit ist ja, wie ich deutlich gemacht habe, eine tugendhafte Einstellung, die uns allen gut ansteht. Aber geschuldet ist sie in diesem Zusammenhang eben nicht.

Zusammenfassend lässt sich also nicht begründen, dass Kinder im Erwachsenenalter eine Dankes*schuld* abzutragen haben. Es gibt keine solche Pflicht – ebenso wenig, wie Kinder eine Pflicht haben, ihren Eltern wie ein Schuldner Güter zu erstatten. Kinder schulden ihren Eltern nichts im Sinne einer Rückgabe von Gütern, Zinsen oder Vergleichbarem. Sie sind ihren Eltern gegenüber aus den genannten Gründen auch nicht zu Dankbarkeit *verpflichtet*.

Das heißt aber *erstens* nicht, dass jene Kinder irren, die Dankbarkeit empfinden und das Bedürfnis haben, dieser Dankbarkeit Ausdruck zu verleihen. Wie ich beschrieben habe, ist eine solche Haltung sowohl für einen selbst wie für die Umgebung eine heilsame und gewinnbringende Sache: Sie erleichtert das Zusammenleben und gibt einem selbst das gute Gefühl, auf der Sonnenseite des Lebens zu stehen. An diesem Ausdruck der Dankbarkeit ist nichts falsch; ganz im Gegenteil: Wir tun sogar gut daran, ihn zu kultivieren. Doch ist er nicht als eine Art von Pflicht einforderbar, für deren Verletzung einen Dritte kritisieren könnten.

Die Kritik an der Idee einer Dankesschuld bedeutet *zweitens* auch nicht, dass es keine undankbaren Kinder gäbe. Das undankbare Kind ist nicht willens, positiv auf das zu blicken, was die Eltern ihm zumindest an Zuwendung zu geben versuchten, möglicherweise nicht immer mit Erfolg, aber doch in guter Absicht. Das dankbare Kind dagegen kultiviert eine Haltung der Dankbarkeit seinen Eltern gegenüber. Eine Haltung der Dankbarkeit verpflichtet jedoch nicht dazu, irgendetwas Konkretes zurückzugeben. Ein Kind kann also durchaus dankbar sein und sich dennoch weigern, die Pflege der Eltern zu übernehmen, ein anvertrautes Geheimnis zu bewahren oder den Eltern finanziell auszuhelfen. In einer Haltung der Dankbarkeit schwingt jedoch stets etwas mit, das mit der Anerkennung des Gegenübers zu tun hat, mit einer Anerkennung, die eine Beziehung festigen und bestätigen kann. Bleibt derartige Dankbarkeit gänzlich aus, stellt sich also auch die Frage, ob die Eltern-Kind-Beziehung gänzlich schiefgelaufen ist, sodass das erwachsene Kind keinen Grund sieht, seinen Eltern gegenüber Dankbarkeit zu empfinden. Wenn Eltern sich beklagen, dass ihre Kinder sich zu wenig um sie kümmern, und sie das als Ausdruck von Undankbarkeit werten, bringen sie damit in vielen Fällen weniger zum Ausdruck, dass sie eine bestimmte ›Rückzahlung‹ erwarten, als dass sie tief bedauern, dass die Beziehung zu ihrem Kind offenbar nicht jenes Einvernehmen bestimmt, das sie sich einmal erhofft hatten.

Halten wir an dieser Stelle kurz inne. Die bisherigen Versuche zu zeigen, weshalb Kinder ihren Eltern speziell verpflichtet sein könnten, fokussierten auf die Frage, was Eltern ihren Kindern in deren Kindheit gegeben haben und was sie sozusagen als Gegenleistung von ihrem Nachwuchs erwarten können – entweder in Form der Rückzahlung einer Schuld oder in Form von Gesten der Dankbarkeit. So kommt im Rahmen des Nachdenkens über ein kluges Verhältnis zwischen den Generationen und die oft beklagte Vereinsamung älterer Menschen beispielsweise immer wieder die Frage auf, welche Verantwortung den Kindern zukommt. Da der Nachwuchs selbstredend massiv von seinen Eltern profitiert hat, scheint es erst einmal naheliegend, darauf zu verweisen, dass er nun seinerseits in der Verantwortung steht, etwas für seine Eltern zu tun.

Die amerikanische Philosophin Christina Hoff Sommers erzählt dazu die folgende Geschichte: In einer Kolumne, in der die Leserschaft Fragen an eine Sozialberaterin richten kann, sucht ein älteres Ehepaar Hilfe. Es hat fünf Kinder, die beruflich alle äußerst erfolgreich sind. Im Alter gerät das Ehepaar in finanzielle Schwierigkeiten: Es hat sich hoch verschuldet, um sämtliche Ausbildungen und Hochzeiten der Kinder zu finanzieren. Letztere verweigern den Eltern jedoch jegliche finanzielle Unterstützung, und das Ehepaar kämpft nach eigenen Angaben um das nackte Überleben und fragt, was es nun tun solle.[20]

In einem solchen Kontext liegt es natürlich nahe, darauf zu verweisen, dass die Kinder massiv von ihren Eltern profitiert haben und dass sie entsprechend etwas *zurückgeben* müssen. Dies ist die Grundidee aller sogenannten *Reziprozitäts-* und *Dankbarkeitsmodelle*. In Bezug auf das Beispiel sind allerdings drei Punkte wichtig: *Erstens* wären die Eltern, die sich im Leserbrief beklagen, vielleicht tatsächlich besser als veritable Gläubiger ihrer Kinder aufgetreten. Die Finanzierung von Hochzeiten gehört (zumindest in unserem Kulturkreis) nicht zu den elterlichen Fürsorgepflichten. Die Eltern hätten ihren Kindern also ein Darlehen vorschießen können, so wie dies auch jede andere Person hätte tun können. Die entsprechende finanzielle Schuld, welche Söhne und Töchter dann auf sich genommen hätten, bestünde in einem solchen Fall unabhängig von der familiären Beziehung. Wenn den Eltern aber daran gelegen war, ihren Kindern die jeweilige Hochzeitsfeier im Sinne eines Geschenks zu finanzieren, hätten die Eltern *zweitens* vorher kalkulieren müssen, ob sie selbst sich ein solches Geschenk leisten können. Der geschilderte Fall ist jedoch *drittens* besonders tragisch, weil das Ehepaar offenbar in Armut lebt. In einer solchen Situation besteht natürlich eine allgemeine Hilfspflicht, dem Ehepaar aus der Armut zu helfen. Diese Pflicht aber ist keine filiale Pflicht, die Kinder allein aufgrund ihrer Verwandtschaft zu den Eltern haben, sondern wir alle haben gemeinsam die Pflicht, dafür zu sorgen, dass alte Menschen nicht unter Armut leiden. Und Probleme, die wir gemeinsam lösen müssen, bedürfen einer institutionalisierten Lösung, die die Verantwortung in individuelle Beiträge unterteilt. Wie ich bereits sagte, kann es gesellschaftspolitisch sinnvoll sein, die Arbeitsteilung zwischen den Generationen durch Familienverhältnisse abzustützen, sodass für die entsprechende Nothilfe in erster Linie die eigenen Nachkommen aufzukommen haben. Doch die moralische Frage, ob *Kinder als Kinder* ihren Müttern und Vätern gegenüber moralisch in der Pflicht stehen, ist damit noch nicht beantwortet. Diesem Befund gibt auch die Debatte um das Auseinanderbrechen vieler Familien recht: Eltern wünschen sich von ihren mündigen Kindern selten materielle Güter. Sie wünschen sich vielmehr, dass ihre Kinder in ihrem Leben weiterhin eine Rolle spielen, sich für sie interessieren, den Kontakt pflegen, bei ihren Festen erscheinen, die gemeinsame Ferienwohnung nutzen – dass sie einfach da sind.

Die fraglichen Pflichten von Kindern erschöpfen sich also keineswegs darin, dass sie ihren Eltern grundsätzlich Hilfe anbieten müssten. Viele Fragen, die uns im Zusammenhang mit unseren Eltern umtreiben, lassen sich überhaupt nur angemessen erfassen, wenn wir von der Debatte um die Finanzierung der Fürsorge und der Pflege Abstand nehmen. So fragen sich erwachsene Kinder beispielsweise auch, ob sie heimlich heiraten dürfen, obwohl sie wissen, dass das ihre Eltern kränken wird. Sie fragen sich, ob sie ihren Eltern, zu denen der Kontakt nicht der beste ist, ihre Enkel vorenthalten dürfen und ob es in Ordnung ist, dass sie sich bei Freunden über die politischen Ansichten ihrer Eltern lustig machen. Oder sie diskutieren mit ihren Geschwistern, ob sie nicht das Alkoholproblem des Vaters ansprechen müssten.

Es geht also bei den fraglichen Pflichten keinesfalls ausschließlich oder vorrangig um *Hilfsgebote*, sondern ebenso um *Diskretionspflichten* und *Interventionsgebote*. Um die

Frage nach der Begründung der entsprechenden Pflichten in ihrer Gesamtheit beantworten zu können, müssen wir also offensichtlich vor allem eines tun: die Eltern-Kind-Beziehung besser verstehen und danach fragen, wozu sie selbst eigentlich verpflichtet. Ich plädiere daher im Kontext der Familienbeziehungen für einen Perspektivwechsel: weg vom *transaktionalen Modell* der Moral, bei dem der Austausch in Familien vor allem durch Transaktionen von Schulden oder Dankbarkeit geregelt wird, und hin zu einem *relationalen Modell* der Moral, bei dem die Pflichten und die Gründe, die wir in Beziehungen haben, allein in der Beziehung selbst wurzeln. Und diesen Perspektivwechsel nehme ich im Folgenden vor, indem ich versuche, die Eltern-Kind-Beziehung als eine einmalige und sehr spezielle Beziehungsform besser zu verstehen.

4 FREUNDSCHAFT

»Freunde behandelt man anders als den Rest der Welt.«
ALEXANDER NEHAMAS[1]

»Freundschaft, das ist wie Heimat.«
KURT TUCHOLSKY[2]

Nach allem, was wir gesehen haben, bleiben erwachsene Kinder ihren Eltern bezüglich ihrer Kindheit nichts schuldig. Zwar mag es Kinder geben, deren Eltern sich weit über ihre Verantwortlichkeit hinaus gekümmert und bemüht haben, und möglicherweise sollten diese Kinder ihren Eltern auch dankbar sein. Doch erstens gilt das sicherlich nicht für alle Kinder, und zweitens geht Dankbarkeit nicht mit einforderbaren Pflichten einher, denen ein berechtigter Anspruch von Seiten der Wohltäter entsprechen würde. Es ist irrig zu glauben, dass die elterlichen Aufwendungen und Opfer dem Nachwuchs eine Bürde aufhalsen, die dieser, sobald er der Kinderstube entwachsen ist, abzutragen hat, bis er schließlich schuldenfrei durch das Leben gehen kann und frei in der weiteren Gestaltung seiner Familienbande ist.

Dass diese irrige Vorstellung weit verbreitet ist, hat seine Wurzel darin, dass auf die Eltern-Kind-Beziehung vor allem in gesellschaftspolitischen Zusammenhängen auf eine Weise eingegangen wird, die ich als *transaktionale Perspektive* bezeichnet habe: Im Rahmen des Nachdenkens über den Generationenvertrag und unsere alternde Gesellschaft wird darauf hingewiesen, dass Kinder die für sie notwendige Erziehung und Fürsorge vor allem von ihren Eltern erhalten haben und dass nun sie entsprechend in der Pflicht seien, dasselbe für ihre Eltern zu tun oder zumindest finanziell für die Pflegeleistungen aufzukommen. Diese transaktionale Idee mag zwar aus einer gesellschaftlichen Logik heraus nur fair sein. Für das Vorhaben dieses Buches erweist sie sich aber aus mehreren Gründen als wenig hilfreich: *Erstens* ist es nicht mein vorrangiges Anliegen zu untersuchen, wie beispielsweise die Pflegekosten für ältere Menschen aufzuteilen sind. Das Buch will vielmehr klären, ob Kinder ihren Eltern *moralisch* speziell verpflichtet sind, weil sie deren Kinder sind. *Zweitens* aber kann die Eltern-Kind-Beziehung, entgegen weit verbreiteten Überzeugungen, gar nicht als ein solches ›Transaktionsverhältnis‹ beschrieben werden. Eltern und Kinder verhalten sich einfach nicht wie Gläubiger und Schuldner zueinander, die sich auf einen Tauschhandel einlassen, der mit Folgekosten für die Kinder verbunden wäre. Eine solche Analogie ist schief, denn es fehlt beispielsweise die Vereinbarung über den fraglichen Tausch. *Drittens* entspricht das, was sich Eltern von ihren erwachsenen Kindern wünschen, meist weder einem materiellen Ausgleich für die eigenen Investitionen noch gesteigerter Dankbarkeit auf Seiten der Kinder. Die Erfüllung einer Schuld- oder Dankespflicht würde die Eltern deshalb gar nicht befriedigt, geschweige denn glücklich zurücklassen. Was sich Eltern von ihren Töchtern und Söhnen vermutlich in den meisten Fällen erhoffen (und im Übrigen öfters auch die erwachsenen Kinder von ihren Eltern), sind eine liebevolle Verbindung, gegenseitige Anteilnahme und Fürsorge – und vor allem, dass die Kinder sich ihren Eltern freiwillig zuwenden und eben gerade nicht aus Pflicht.

Anders gesagt: Sie erhoffen sich die Zuwendungen als Zeichen der Bestärkung einer liebevollen Verbindung, an der beiden Seiten liegt. Für die Antwort auf die Frage, was Kinder für ihre Eltern tun sollen, müssen wir deshalb zuallererst die Beziehung zwischen ihnen besser verstehen. Wir müssen herausfinden, ob aus dieser Verbindung *selbst* eine spezifische Verantwortung erwächst, die die Kinder übernehmen sollten.

Ich schlage deshalb einen Perspektivwechsel vor: weg von dem, was Eltern und Kinder füreinander *getan haben* (was für die Idee der *Transaktion* ausschlaggebend ist), und hin zu dem, was Eltern und Kinder füreinander *sind* (die grundlegende Idee der Beziehung oder *Relation*). Nehmen wir einen solchen *relationalen Blick* auf die Eltern-Kind-Beziehung ein, dann fokussieren wir auf die Verbindung selbst und nicht auf das, was in der Beziehung in einer früheren Phase getauscht oder verschenkt worden ist. Dieser Perspektivwechsel erlaubt es, nach der Schuld und der Dankbarkeit einen neuen Vorschlag zur Begründung kindlicher Pflichten zu prüfen: nämlich den, dass Kinder als Tochter oder Sohn in einer bestimmten Beziehung zu ihren Eltern stehen.

Dass die Fokussierung auf diese spezielle *Beziehung* für unseren Zweck sinnvoll ist, zeigt sich auch, wenn wir uns Alltagsgespräche vergegenwärtigen, bei denen sich Kinder fragen, wie frei sie in ihren Entscheidungen sind. Denkt beispielsweise eine Tochter darüber nach, ob sie am 70. Geburtstag ihrer Mutter in die Ferien fahren darf, und bittet Freunde um Rat, kann es gut sein, dass diese in ihrer Antwort auf die Beziehung selbst Bezug nehmen: »Komm schon, sie ist schließlich deine *Mutter*, du kannst auch ein anderes Mal wieder in die Ferien fahren«, oder: »Deine Mutter und du habt doch so ein gutes Verhältnis, sie wird dich schon verstehen.« Die Mutter wiederum kann ihre Tochter beruhigt wegfahren lassen, indem sie etwa sagt: »Ich weiß, dass du mich liebst und dir an mir liegt, und natürlich wäre es schön, dich an meinem Geburtstag zu sehen. Aber ich verstehe auch dein Bedürfnis nach Erholung. Ich werde meinen Gästen einfach sagen, dass du in letzter Zeit beruflich stark belastet warst.« Solche unterschiedlichen Reaktionen legen nahe, dass die Beziehung zwischen einem Kind und seinen Eltern an sich schon entsprechende Pflichten stiften oder einen auch davon entbinden kann. Die Reaktionen legen aber noch etwas offen, das auch Anlass dieses Buches ist: nämlich, wie weit geteilt die Vorstellung ist, dass Sohn oder Tochter zu sein selbstverständlich mit bestimmten sozialen Erwartungen einhergeht – etwa, dass die Tochter am 70. Geburtstag der Mutter eben einfach anwesend zu sein hat.

In ihrer Antwort nimmt die Mutter ja auch direkt auf diese sozialen Erwartungen Bezug. Offenbar können sie zwar enttäuscht werden, sind aber so wichtig, dass das wiederum einer Erklärung bedarf. Die Frage ist allerdings, ob sich die sozialen Erwartungen auf eine moralische Verantwortung zurückführen lassen, und wenn ja, worin genau deren Quelle besteht. Dieses Buch will ja jenseits von Konventionen klären, ob Kinder ihren Eltern *wirklich* verpflichtet sind. Dass von Kindern oft *erwartet* wird, dass sie an Weihnachten nachhause fahren oder dass sie ihren Eltern Kontakt zu den Enkeln ermöglichen, mag stimmen – doch müssen sie das auch moralisch gesehen tun? Moral ist, wie wir bereits gesehen haben, mehr als soziale Konvention, und genau deshalb können soziale Konventionen auch offen sein für Kritik aus Gründen der Moral. Und aus diesen Gründen können und sollen wir jenseits von sozialen Erwartungen fragen, wie Kinder sich ihren Eltern gegenüber zu verhalten haben.

Ich habe gesagt, wir müssten zur Beantwortung dieser Frage der Eltern-Kind-Beziehung selbst auf den Grund gehen und herausfinden, ob sie für sich gesehen eine Quelle ist für moralische Pflichten. Diese Begründungsfigur ist uns bestens vertraut, wenn wir an die Freundschaft denken: Befreundet zu sein, bedeutet unter anderem gerade, sich einander speziell verpflichtet zu fühlen und deshalb auch mehr und anderes für sein Gegenüber zu tun als für Personen, mit denen man nicht befreundet ist.[3] Behaupte ich zum Beispiel, mit Eliza befreundet zu sein, interessiere mich aber weder speziell für ihre Überlegungen, Sorgen und Freuden, noch nehme ich sie vor anderen in Schutz oder helfe ihr bei Problemen, würde man mich zu Recht fragen: »Sag mal, bist du nicht *befreundet* mit Eliza?« Befreundet zu sein, geht also mit der legitimen Erwartung einher, dass man sich speziell füreinander einsetzt. Die biblische Geschichte von Petrus, der auch beim dritten Krähen des Hahns seine Freundschaft zu Jesus leugnet, ist genau deshalb ein Paradebeispiel für Verrat, weil sich Freunde in Gefahr normalerweise gegenseitig beschützen und einander nicht dem Feind ausliefern. Dies gilt nicht nur in Nothilfeszenarien (Freunde rettet man als Erste aus dem brennenden Haus – was nicht heißt, dass man hernach nicht noch bei der Rettung anderer mit anpackt), sondern auch mit Blick auf andere Gebote, etwa Diskretionspflichten (was einem eine Freundin anvertraut, behält man für sich) oder Interventionsgebote (gute Freunde versuchen, einander vor existentiellen Fehlern zu bewahren). Die Begründung für diese Verhaltensweisen ist nicht, dass wir uns aus Gründen der Effizienz oder der gesamtgesellschaftlichen Gerechtigkeit auf eine soziale Arbeitsteilung geeinigt haben – sondern die Begründung ist die Freundschaft selbst.

Und auch die Freunde bewegt in zentralen Momenten ihrer Freundschaft gerade kein Motiv der Leistung und Gegenleistung. Sie fragen sich also beispielsweise nicht, ob ihnen der andere jenes Maß an Zuneigung schenkt, das sie ihm selbst haben angedeihen lassen. Bin ich wirklich mit Eliza befreundet und sie ruft mich am Ende ihrer Kräfte an, weil ihre Kinder dauernd krank sind und ihr Chef wegen ihrer Absenzen langsam die Geduld verliert, dann biete ich Eliza selbstverständlich Hilfe an, ohne zu überlegen, ob sie mir schon Vergleichbares angeboten hat. Derartige Aufrechnungen wären sogar eher ein Zeichen dafür, dass es mit unserer Beziehung nicht zum Besten stünde, als dass sie unsere Freundschaft bestätigten.

Denn Freundschaftspflichten sind nicht irgendwann gänzlich erfüllt oder ›abgehakt‹, wie dies bei transaktionalen Pflichten wie Schuldner- und zum Teil auch Dankespflichten der Fall ist. Wenn ich mit meiner Nachbarin ausmache, dass wir uns während der Sommerferien gegenseitig die Pflanzen gießen, dann habe ich meine Schuldigkeit getan, sobald die Ferien vorbei sind. Anders in Freundschaften: In diesen Beziehungen ist die stete Erfüllung von Freundschaftsdiensten Ausdruck der Freundschaft selbst oder, technischer ausgedrückt, *für die Beziehung konstitutiv*: Bin ich nicht bereit, die Blumen meiner Freundin auch dann zu gießen, wenn sie vergaß, mich darum zu bitten, ich aber sehe, wie ihre sorgfältig gepflegten Balkonpflanzen in der sengenden Sonne langsam, aber sicher eingehen, oder erkundige ich mich nicht mehr nach ihrem Wohlbefinden, selbst wenn ich sehe, wie schlecht es ihr geht, so sind das Zeichen dafür, dass mir an der Freundschaft nicht mehr allzu viel liegt – oder aber dass ich das bin, was man eine ›schlechte Freundin‹ nennt: eine Person, die das Wesentliche einer Freundschaft nicht verstanden zu haben scheint oder mutwillig gegen deren Gesetze verstößt, im Wissen darum, dass die Freundschaft auf lange Sicht zerbrechen wird. Befreundet zu sein, heißt unter anderem nämlich gerade, sich ganz selbstverständlich verpflichtet zu sehen, einander zu helfen, Anteil zu nehmen, loyal zu sein, aber auch, toleranter mit möglichen Verfehlungen des anderen umzugehen: Da wir um unser gegenseitiges Einverständnis wissen, sehen wir auch großzügiger über einen Fauxpas des Freundes hinweg. Freunde sind deshalb, wie Kurt Tucholsky sagte, wie Heimat:[4] Man kann sich auf sie verlassen, man fühlt sich angenommen und erkannt. Liegt es nicht nahe zu sagen: Genau so sind auch Familienbeziehungen – und im Speziellen die Beziehungen zwischen Eltern und ihren Kindern?

Zweifelsohne gibt es Kinder, die mit ihren Eltern eng befreundet sind, die die Wochenenden am liebsten mit ihnen verbringen, zusammen in die Ferien fahren und jeden Geburtstag gemeinsam feiern. Es gibt bestimmt auch Söhne, die sich in Ehekrisen lieber bei ihrer Mutter als bei einem Kollegen ausweinen, und Töchter, die vor ihrer Mutter keine Geheimnisse haben möchten. Doch ganz abgesehen davon, wie die Partnerinnen und Partner solcher Kinder die enge Bindung ihrer Geliebten an deren Eltern empfinden, können wir wohl kaum behaupten, Kinder seien *notwendigerweise* mit ihren Eltern befreundet und deshalb hätten alle ihren Eltern gegenüber Freundschaftspflichten. Freundschaften sind ja nicht nur normative Erwartungshorizonte, sondern sie sind auch beglückende Verbindungen, und keineswegs alle Kinder sind ihren Eltern auch im Erwachsenenalter noch in dieser Weise innig verbunden.

Verstehen wir filiale Pflichten also als Freundschaftspflichten, schulden ganz offensichtlich nur jene Kinder ihren Eltern Anteilnahme und Fürsorge, die sich auch als deren Freunde sehen. Dies wiederum tun sie dann aber nicht als ihre Kinder, sondern eben als ihre Freunde. Die Philosophin Jane English, die die Idee der kindlichen Pflichten als Freundschaftspflichten ursprünglich diskutiert hat, formuliert es genauso: Kinder sind ihren Eltern möglicherweise als ihre Freunde verpflichtet; *als ihre Kinder* hingegen schulden sie ihren Eltern nichts.[5]

Dieser Vorschlag ist jedoch unbefriedigend. Denn wir suchen in diesem Buch ja nach einer Idee, weshalb Kinder ihren Eltern *aufgrund ihrer Kindschaft* verpflichtet sind. Dass einige Kinder mit ihren Eltern auch noch *befreundet* sind, hilft uns hier also nicht weiter. Diese eng gefasste Definition dessen, was filiale Pflichten sind, drängt sich zum Ersten auf, weil wir nach einer allgemeineren Idee einer Pflicht suchen, die wir einfach schon deshalb haben, weil wir jemandes Kind sind. Zum Zweiten haben wir bei einer filialen Pflicht eine normative Idee im Kopf, die auch entsprechende Erwartungen von Seiten der Eltern und von Drittpersonen legitimiert. Solche Erwartungen kommen beispielsweise in der Bemerkung der Pflegerin im Altenheim zum Ausdruck, die zum Sohn sagt: »Sie sind wohl beruflich zu beschäftigt, um öfter vorbeizuschauen?« Freundinnen und Freunden der betagten Eltern brächte sie eine solche Erwartung wohl kaum entgegen und unterließe auch die entsprechende spitze Bemerkung. Zum Dritten bricht die Frage, ob wir einander verpflichtet sind, gerade dann auf, wenn eben keine Freundschaft (mehr) besteht: Gerade dann fragen sich die Kinder, wie sie sich ihren Eltern gegenüber zu verhalten haben, wie viel Fürsorge, Diskretion oder Schonung von ihnen verlangt ist; ob sie sie in den Urlaub mitnehmen sollten; ob sie sie darauf hinweisen müssten, dass andere schlecht über sie reden. Der Verweis auf die Möglichkeit, dass Eltern und ihre Kinder über ihre Verwandtschaft hinaus befreundet sein könnten, richtet also wenig aus. Ähnliches lässt sich über Geschwister sagen: Mit Sicherheit gibt es Schwestern, die auch eng befreundet sind und entsprechend viel füreinander zu tun bereit sind – genau wie gute Freundinnen. Doch sind Schwestern nicht (mehr) befreundet, ist anders als bei bloßen Freundinnen die Frage, ob sie sich speziell verpflichtet sind, gerade nicht vom Tisch. Vielmehr fragen sie sich dann erst recht, ob die Tatsache, dass sie Geschwister sind, sie moralisch bindet – etwa dazu, einander in einer Krise finanziell auszuhelfen oder in einem Konflikt füreinander Partei zu ergreifen. Und genau diese Frage stellt sich auch immer wieder erwachsenen Kindern mit Blick auf ihre Eltern, und zwar gerade dann, wenn sie sich *nicht* als deren Freundinnen und Freunde verstehen.

Der Vorschlag, die Pflichten erwachsener Kinder als Freundschaftspflichten zu verstehen, ist also wenig zielführend. Vielleicht lässt sich aber der Bezug zur Freundschaft anders fruchtbar machen, indem wir nämlich die Eltern-Kind-Beziehung lediglich als *Analogie* zur Freundschaft verstehen. Denn viele Kinder empfinden ihre Eltern zwar nicht als eigentliche Freundinnen und Freunde; sie fühlen sich ihnen aber dennoch zugeneigt. Und diese emotionale Bindung könnte sich ja – was ihre normative Struktur anbelangt – wie eine Freundschaft verhalten. Tatsächlich wurden bislang die Alternativen überzeichnet: Kinder und ihre Eltern sind ja nicht entweder eng befreundet oder einander gleichgültig oder sogar verfeindet. Persönliche Beziehungen bewegen sich vielmehr in einem emotional reichhaltigen Spektrum von Liebe über Freundschaft zu Verbundenheit zu loser Sympathie; von Gleichgültigkeit über Abneigung bis zu blindem Hass. Und auch wenn sie nicht im engeren Sinn mit ihren Eltern befreundet sind, empfinden viele Kinder dennoch positiv für ihre Eltern, ihnen liegt an ihnen und deren Wohl – gerade auch, weil sie eben nicht wie Freunde, sondern für ihr Leben zentrale und in ihrer Funktion unersetzbare Personen sind. Positive emotionale Verbundenheit mit anderen Menschen ist nun aber für ein gutes, gelingendes Leben von großer Bedeutung, und genau deshalb schätzen wir auch Freundschaften so sehr. Ein Leben, in dem wir anderen Menschen nicht in Liebe oder Freundschaft zugeneigt sind, ist mit Sicherheit ein ärmeres Leben. Es ist deshalb nur allzu verständlich, wenn der Eremit von sich behauptet, in der Liebe zu Gott seine wahre Bindung gefunden zu haben. Selbst er lebt nicht ohne das Gefühl der Verbundenheit; er bindet sich lediglich an eine transzendente Macht. Weil wir Menschen soziale, aufeinander bezogene Kreaturen sind, haben wir Grund, Beziehungen wertzuschätzen und ihnen eine große Bedeutung beizumessen. Und die Beziehung zu jemandem wertzuschätzen, heißt eben auch, diese Beziehung als eine Quelle von Pflichten zu sehen, uns um diese Person auch zu bemühen.[6]

Dieser Gedanke ist einfach zu verstehen, wenn wir überlegen, wie es sich mit anderen Dingen verhält, an denen uns persönlich liegt. Wenn mir beispielsweise Musik viel bedeutet und ich sie als große Bereicherung empfinde, habe ich auch Grund, ihr einen festen Platz in meinem Dasein einzuräumen, sodass meine Leidenschaft ihren Raum erhält. Es wäre bizarr, behauptete ich, eine leidenschaftliche Verehrerin von Bach zu sein, machte aber keinerlei Anstalten, seine Musik auch tatsächlich zu hören. Was uns wichtig ist im Leben, gibt uns eben auch Grund, ihm Gewicht zu geben in unserer Lebensgestaltung.[7] Bezüglich der Eltern-Kind-Beziehung können wir deshalb sagen: Auch wenn die wenigsten Kinder im engeren Sinn mit ihren Eltern *befreundet* sind, so liegt vermutlich vielen Kindern eine gute Beziehung zu ihren Eltern am Herzen, und insofern haben die Kinder auch Grund, sich um ihre Eltern zu bemühen. Hinsichtlich dieses Aspekts lässt sich die Beziehung von Kindern zu ihren Eltern vielleicht wirklich als *analog* zu einer Freundschaft verstehen: So wie Freunde einander einen bevorzugten Platz in ihrem Leben einräumen, weil ihnen an der Freundschaft liegt, so tun das vermutlich auch viele Kinder mit ihren Eltern.

Das ist auf den ersten Blick ein plausibler Vorschlag. Doch ist leicht zu sehen, dass er wiederum nur mit Blick auf jene Kinder taugt, die sich ihren Eltern *tatsächlich* zugeneigt fühlen. Und damit sind wir offensichtlich so schlau wie zuvor: Wir wussten ja bereits, dass Kinder, die ihre Eltern lieben und schätzen, auch mehr für sie zu tun bereit sind. Was aber ist mit jenen Personen, die von sich sagen: Mir liegt einfach nicht besonders an meinen Eltern? Solche Kinder haben sich emotional von ihnen entfremdet und distanziert – haben auch sie Pflichten, wie sie in einer Freundschaft bestehen? Zweifelsohne gibt es, wie wir bereits gesehen haben, auch Familiengeschichten, für die sogar gilt, dass Kinder sich von ihren Eltern distanzieren *sollten*, weil sie misshandelt, gedemütigt oder vernachlässigt wurden. Wenn die Pflichten von emotionaler Zuneigung abhängig gemacht werden, gibt es für diese Kinder keine solchen Pflichten – und das heißt dann eben nichts anderes, als dass Kind zu sein an sich offenbar zu überhaupt nichts verpflichtet oder dass eine andere Begründung für eine solche Pflicht gefunden werden muss.

Bei Extremsituationen der Kindesmisshandlung könnten wir allerdings auch zugestehen, dass diese Eltern eigentlich bestehende Ansprüche einfach verwirken. Schließlich habe ich das Recht, mich – wenn nötig, mit Gewalt – gegen jemanden zur Wehr zu setzen, der mir an den Kragen will – auch wenn ich dazu verpflichtet bin, mein Gegenüber unter ›normalen‹ Umständen nicht zu schädigen. Doch es reicht nicht als Zugeständnis, Extremfälle auszuklammern und für alle anderen Kinder eine filiale Pflicht analog zur Freundschaftspflicht zu behaupten. Denn am häufigsten begegnen uns weder Kinder, die von ihren Eltern gequält wurden, noch solche, die Mutter und Vater als beste Freunde empfinden – sondern Kinder, die zugeben: »Mir liegt natürlich an meinen Eltern, sie sind mir auch wichtig. Aber ich habe dennoch keine Lust, sie jede Woche zu besuchen, mit ihnen in die Ferien zu fahren, aus Pflichtgefühl den Weihnachtsbraten zu loben oder mir ihre Eheprobleme anzuhören. Doch ich habe den Eindruck, genau das wird von mir erwartet.«

Offensichtlich haben Eltern und ihre Kinder in solchen Fällen unterschiedliche Vorstellungen davon, was sie voneinander erwarten dürfen, obwohl sie sich einander verbunden fühlen. Denn was genau die Pflege der Eltern-Kind-Beziehung im Erwachsenenalter verlangt, ist nicht vordefiniert; schließlich folgt jede Beziehung anderen inneren Normen. In der einen Familie gehört zur Beziehungspflege, dass man sich jeden Sonntag zu Kaffee und Kuchen sieht, in der anderen trifft man sich gerade mal einmal im Jahr. Die eine Mutter erwartet von ihrer Tochter einen täglichen Anruf, die andere telefoniert ungern. Der eine Vater wünscht sich, dass der Sohn ihn zum Arzt begleitet und ihm mit Ratschlägen zur Seite steht, der andere empfände dies als übergriffig. Das gilt natürlich für alle Beziehungen: Auch Freundinnen und Freunde erwarten Unterschiedliches voneinander. Konflikte in persönlichen Beziehungen sind ja meist Ausdruck von Differenzen darüber, welches Ausmaß an Fürsorge, welcher Grad der Diskretion und Loyalität, welche Großzügigkeit darin, auf kleine Enttäuschungen und Fehler des Gegenübers zu reagieren, erwartet werden dürfen. Bestimmt werden diese Normen allerdings nicht nur von außen, sondern sie sind vor allem Teil eines internen ›Aushandlungsprozesses‹ über die Zeit hinweg. Mit Blick auf diesen Prozess wird nun aber deutlich, dass die Analogie zur Freundschaft eben doch nicht funktioniert.

Denn ein Freundschaften ähnlicher Aushandlungsprozess kann in Familiengefügen gar nicht stattfinden. Zum einen nämlich beginnen Liebesverhältnisse oder Freundschaften immer zwischen mehr oder weniger Gleichen, während die Beziehung von Kindern zu ihren Eltern vor allem zu Beginn von massiver Abhängigkeit geprägt ist. Das hat weitreichende Auswirkungen darauf, wie die *normative Struktur* der Beziehung geprägt wird, also auf die ›Spielregeln‹, denen Beziehungen gehorchen. Betrachten wir zuerst die Freundschaften: Sie entwickeln sich für gewöhnlich über eine lange Zeitspanne hinweg, in der sich die Beteiligten immer stärker aufeinander einlassen und unausgesprochen aushandeln, was sie voneinander erwarten und wie sie den geteilten Erwartungen und der Verbundenheit Ausdruck verleihen: wie viel Ehrlichkeit verlangt ist, wie viel Freiraum man einander lässt, wie vertraulich geteiltes Wissen zu handhaben ist, aber auch, wie oft man sich sieht, anruft oder einander einlädt.

Wie gesagt haben persönliche Beziehungen insgesamt gemeinsam, dass die Beteiligten allgemein gesprochen mehr füreinander zu tun bereit sind als für Personen, mit denen sie keinen Kontakt pflegen. Doch was das genau beinhaltet und wie weit solche gegenseitige Bevorzugung reicht, das bestimmt sozusagen die innere Textur der jeweiligen Beziehung, und diese wird erst im Lauf der Zeit von den Beteiligten gemeinsam gewoben. Ein wesentliches Moment der Herstellung dieser Textur ist im Fall von Freundschaft die Ebenbürtigkeit oder *Symmetrie*, in der die Freunde oder Liebenden zueinander stehen. Freilich ist diese nicht absolut. In den meisten Liebesbeziehungen findet sich eine Asymmetrie, indem einer mehr liebt als der andere. Doch zum einen handelt es sich dabei um eine emotionale Abstufung unter an sich erst einmal Gleichgestellten, die sich ebenbürtig sind und beide etwas (oder vieles) voneinander wollen. Zum anderen können sich diese Verhältnisse auch immer wieder neu ordnen, indem einmal der eine bedürftiger ist, dann wieder die andere. Doch über die Zeit hinweg ergibt sich eine Symmetrie, und diese ermöglicht es den beiden, auf Augenhöhe zu steuern, welche Regeln die Bande konstituieren, an die sie sich mehr oder weniger verlässlich halten.

Zwar gibt es auch persönliche Beziehungen, die von Machtgefällen und Abhängigkeiten geprägt sind, doch diese halten wir eben gerade *nicht* für gute Freundschaften oder gute Liebesverhältnisse, sondern wir weisen Betroffene darauf hin, dass sie nicht geliebt, sondern ausgebeutet werden und sich deshalb trennen sollten. Dabei können Freundschaften natürlich aus einem ursprünglich ungleichen oder asymmetrischen Verhältnis erwachsen – denken wir etwa an den französischen Staatspräsidenten Emmanuel Macron, der mit seiner früheren Französischlehrerin Brigitte Trogneux verheiratet ist, die vierundzwanzig Jahre älter ist als er. Ihr

Verhältnis war mit Sicherheit asymmetrisch, als die Beziehung begann, aber das berechtigt nicht zum Urteil, dass dies so bleiben musste. Machtverhältnisse können sich einebnen, und zuvor asymmetrische Verhältnisse können sich neu ordnen, bis sich die Beteiligten auf Augenhöhe begegnen.

Zu einer guten Freundschaft oder einer gelingenden Liebesbeziehung gehört Symmetrie im Sinne ausgewogener Machtverhältnisse aber dazu – zumindest der Tendenz nach. Genau das ist in einer Familienbeziehung jedoch nicht gegeben – insbesondere nicht in der Phase der Kindheit: Die Beziehung von Kindern zu ihren Eltern ist am Lebensanfang an Asymmetrie kaum zu überbieten. Kinder starten als von den Eltern vollkommen abhängige Kreaturen ins Leben; Eltern wiederum tragen die ganze Kindheit hindurch nicht nur die Verantwortung für ihre Kinder, sondern haben auch immense Macht über sie. Das betont schon Aristoteles: In der *Nikomachischen Ethik* bezeichnet er die Familienbeziehung zwar auch als Freundschaft, aber eben als eine unter Ungleichen.[8] Der Grund dafür liegt Aristoteles zufolge darin, dass Eltern ihre Kinder als das betrachten, was er »eine wesensmäßige Erweiterung ihrer selbst« nennt. Nicht nur gehen Kinder ja in den meisten Fällen durch den Akt der Zeugung aus den Eltern hervor. Sondern Eltern erachten ihre Kinder zu Beginn von deren Leben auch als formbare Wesen, die sie lenken, erziehen und prägen dürfen – und dies im Rahmen ihrer elterlichen Verantwortung auch tun *sollen*.

Die Frage ist hier allerdings, welcher Blick auf das Kind der angemessene ist: jener eines Besitzers, eines Treuhänders, eines Vormunds, eines liebevollen Erziehers? Wie auch immer man dieses Verhältnis in der frühen Kindheit verstehen mag, klar ist, dass die Eltern-Kind-Beziehung zu diesem

Zeitpunkt sicherlich keiner Freundschaft gleicht. Eltern müssen ihre Kinder im Rahmen ihrer Erziehungsaufgabe bevormunden, sie zurechtweisen und Verbote aussprechen – lauter Dinge, die wir in Freundschaften sicherlich nicht tun. Weil Eltern ihre Kinder ein Stück weit selbst formen, sind sie unter Umständen auch persönlich beleidigt, wenn jemand ihr Kind kritisiert, und sie werden für Dummheiten ihres Kindes vielleicht auch verantwortlich gemacht. In Freundschaften gibt es nichts Vergleichbares. Zwar können uns Freunde peinlich sein, doch ist eine Distanzierung meist gut möglich, während Eltern eine solche Distanzierung oft nicht nur nicht gelingt, sondern auch nicht zugestanden wird. Diese Erfahrung einer ›erweiterten Identität‹, die Eltern mit Blick auf ihre Kinder haben, macht sie besonders verwundbar, was Fehltritte des eigenen Nachwuchses anbelangt. Auf diesen Aspekt komme ich im sechsten Kapitel zurück, wenn ich über die *Verletzlichkeit* in der Eltern-Kind-Beziehung nachdenke.

Vorerst jedoch reicht es festzuhalten, dass Familienbande mit Sicherheit nicht als Freundschaft beginnen. Sollen sie zu einer werden, müssen sie einen großen Wandel vollziehen, durch den das Kind als ebenbürtiger Partner anerkannt wird. Eltern haben von Geburt an die Aufgabe, ihre Kinder zur Selbstständigkeit zu erziehen und in ein eigenes Leben zu entlassen. Für Immanuel Kant ergibt sich diese Aufgabe direkt aus dem unfreiwilligen ›Lebensgeschenk‹. In der *Metaphysik der Sitten* schreibt er, es sei notwendig, »den Akt der Zeugung als einen solchen anzusehen, wodurch wir eine Person ohne ihre Einwilligung auf die Welt gesetzt, und eigenmächtig in sie herüber gebracht haben«. Gerade deswegen dürften Eltern ihre Kinder nicht als ihr »Gemächsel« – ihr Machwerk oder Eigentum – ansehen, im Gegenteil: Für ihre »Tat« hätten die Eltern die Verantwortung, ihre unmündigen Kinder so früh wie möglich zur Mündigkeit zu erziehen und sie unverzüglich in ihre Freiheit als »Weltbürger« zu entlassen.[9] Allein diese Freiheit kompensiert für Kant das Diktat der Geburt. Ob man die elterliche Pflicht, die eigenen Kinder zur Selbstständigkeit zu erziehen, sozusagen als Ausgleich für die Unfreiwilligkeit der Existenz betrachten soll oder eher als einen Imperativ, das Kind als ein autonomiefähiges Wesen zu sehen, dessen Achtung darin besteht, es seine Autonomie entfalten zu lassen, muss hier nicht entschieden werden. Die elterliche Pflicht besteht aber in jedem Fall, und wenn Eltern es unterlassen, die wachsende Selbstständigkeit ihrer Kinder angemessen zu fördern und zu respektieren, wird Kindern großes Unrecht getan. In zerbrechenden Familien ist es oft genau diese Art von Unrecht, die Kinder anklagen: dass ihre Eltern ihnen ein eigenes Leben nicht zugeständen, sondern ihnen, obwohl sie längst mündig seien, ihre Ansichten und Werte aufoktroyieren und sie zurechtstutzen wollten nach Maßgabe ihres eigenen Gutdünkens.

Gerade weil die Eltern-Kind-Beziehung als eine Beziehung unter Ungleichen beginnt und es eine stete Aufgabe der Eltern bleibt, das Kind als heranwachsendes und autonomiefähiges Wesen zu sehen, werden die Regeln – die innere Textur –, die die Eltern-Kind-Beziehung bestimmen, zumindest während einer langen Zeitspanne von den Eltern vorgegeben. Und deshalb sind sie eben gerade nicht das Resultat eines gemeinsamen Aushandlungsprozesses, in den sich beide Seiten gleichermaßen einbringen können. Über Pflichten, die innerhalb einer Beziehung bestehen, lässt sich also wenig Allgemeines sagen. Denn es ist die Beziehung selbst, ihre normative Textur, aus der Regeln und Pflichten resultieren. Für die Eltern-Kind-Beziehung wird dann aber umso bedeutsamer, dass sie keinem ebenbürtigen Prozess erwachsen ist und die Familienbande ein Moment der Unfreiwilligkeit beinhalten. Denn weshalb sollten wir uns an Regeln halten, über die wir niemals mitentscheiden konnten? Wie wir in Kapitel sechs über die *Verletzlichkeit* sehen werden, rühren viele Familienkonflikte daher, dass Kinder sich mit Erwartungen konfrontiert sehen, deren Grundlagen sie nicht mitbestimmen konnten, sondern in die sie ungefragt hineinwuchsen.

Diese *Unfreiwilligkeit* wird verstärkt durch den Umstand, dass Kinder wie Eltern sich gegenseitig nie wählen konnten. Wir werden in unsere familiären Bande hineingeboren oder im Falle einer Adoption hineinversetzt, und müssen uns in dieser Ursuppe unserer Existenz arrangieren. Das gilt selbst für Patchworkfamilien. Die Schweizer Autorin und Journalistin Susann Sitzler etwa beschreibt in ihrem Buch *Geschwister*, wie sie mit acht Jahren durch die erneute Heirat ihrer Mutter noch einmal Schwester wurde: »Wir haben uns einander nicht ausgesucht. Andere haben unser Verhältnis festgelegt, ohne zu fragen, ob wir einverstanden sind. Wir wurden vor vollendete Tatsachen gestellt.«[10] Freilich wählen wir auch Freundschaften nicht immer ganz spontan und freiwillig. Vielmehr können wir auch bei ihnen oft gar nicht genau sagen, wie sie begonnen haben; wir schlittern zuweilen einfach irgendwie in die Bindung hinein und ›finden‹ einen Freund, wie wir sagen. Auch Freundschaften haben also durchaus etwas Schicksalhaftes. Dennoch bergen sie natürlich ein Moment der Freiwilligkeit, da wir eine sich anbahnende Beziehung befeuern können oder auf Distanz gehen.

Vor vollendete Tatsachen gestellt werden wir bei der Wahl unserer Freunde also sicher nicht.

Im Rahmen der Familienbande dagegen sind sowohl Eintritt in die Beziehung wie Austritt nicht wählbar – ein Umstand, der sich in keiner anderen Beziehung genau so findet. Zwar kann beispielsweise auch die katholisch geschlossene Ehe nicht wieder verlassen werden, wohl aber ist der Eintritt in sie frei wählbar. Umgekehrt werden wir bei der Geburt nicht gefragt, ob uns diese oder jene Staatsbürgerschaft recht ist, wir können unsere Nationalität aber jederzeit aufgeben. Beide Wahlmöglichkeiten haben wir hinsichtlich der Familienbeziehung nicht. Genau genommen handelt es sich bei ihr sogar um die denkbar unfreiwilligste Bindung überhaupt.[11] Mit Blick auf die Frage nach den Pflichten von erwachsenen Kindern gegenüber ihren Eltern ist dieser Aspekt nun aber höchst bedeutsam. Denn warum sollte ich verpflichtet sein, für eine Person mehr zu tun als für andere, bloß weil sie per Zufall mein Vater oder meine Mutter ist und ich mich dazu gar nicht verhalten konnte? Diese Frage stellt sich bei Freunden nicht, denn zum einen haben wir uns aus freien Stücken auf die entsprechenden Verbindungen eingelassen und implizit eingewilligt, dass sie mit gewissen Freundschaftspflichten einhergehen; zum anderen sind wir natürlich frei, uns aus Beziehungen auch wieder zu lösen und damit auch den Pflichten zu entgehen, die sie uns aufhalsen.

Dieses Problem der Unfreiwilligkeit der Familienbeziehung berührt das Problem des *Voluntarismus*, auf das wir bereits im zweiten Kapitel zu sprechen kamen. Im Rahmen einer Ethik der Beziehungen besagt der Voluntarismus, dass wir in Beziehungen nur dann zu etwas verpflichtet sind, wenn wir auch frei waren, in die Beziehung einzuwilligen.[12] Denn anders als sogenannte *natürliche Pflichten*, die wir allen gegenüber haben, insofern wir alle Menschen mit Würde, mit bestimmten Interessen und mit Rechten sind, sind *spezielle Pflichten* nicht in unserem Menschsein begründet, sondern in einem speziellen Verhältnis zueinander. Dass ich die natürliche Pflicht habe, weder meine Freunde noch sonst irgendjemanden ohne Grund zu schlagen, zu belügen oder zu beleidigen und anderen in Not nach Möglichkeit beizustehen, hat seinen Grund darin, dass auch diese Menschen über Würde und über Interessen verfügen, die mich dazu verpflichten, mich ihnen gegenüber respektvoll zu verhalten. Spezielle Pflichten hingegen, die wir nicht allen Menschen im Allgemeinen, sondern nur ganz bestimmten Personen schulden, bedürfen einer anderen Begründung. Voluntaristen sind der Meinung, dass wir einander solche speziellen Pflichten nur übertragen können, wenn die verpflichtete Person auch in die Beziehung einwilligen konnte. Indem wir beispielsweise etwas versprechen oder einen Vertrag unterzeichnen, erklären wir uns damit einverstanden, im Gegenzug eine Pflicht aufgebürdet zu bekommen: Wir müssen uns danach an das halten, was wir in Aussicht gestellt haben. Aber niemand wählt aus, in eine konkrete Familie geboren zu werden und Kind dieser Mutter und jenes Vaters zu sein. Warum also sollte ein Kind aufgrund eines Zufalls oder Zwangs verpflichtet sein?

Ich gebe zu: Die Rede von Zwang ist an dieser Stelle überzogen. Das ›Hineingeborenwerden‹ in eine Familie ist nicht zu vergleichen mit anderen Zwangsmaßnahmen wie einer Zwangsehe oder einer Zwangsadoption. Zwar fehlt die ursprüngliche Einwilligung, das Kind seiner jeweiligen Eltern zu sein. Doch indem wir in den Genuss der Annehmlichkeiten einer Familie gekommen sind, können wir mit einiger Plausibilität auch davon ausgehen, dass wir stillschweigend unsere Zustimmung zum Leben in ihr gegeben haben: Eine Familie zu haben, ist in vielen Fällen sicher besser, als *keine* zu haben – selbst wenn in manchen Kindheiten nicht alles rund läuft. Könnten wir also nicht davon ausgehen, dass wir als Kinder durchaus unsere Zustimmung gegeben hätten, von unseren Eltern umsorgt zu werden? Diese Idee der stillschweigenden Zustimmung bringt John Locke in der zweiten seiner *Zwei Abhandlungen über die Regierung*[13] ins Spiel, allerdings für einen politischen Kontext. Locke meint nämlich, wir seien der Regierung auch dann zu Gehorsam verpflichtet, wenn wir nicht explizit in unsere Bürgerschaft eingestimmt haben. Denn insofern wir in einem bestimmten Land leben und die Annehmlichkeiten der staatlichen Fürsorge und des Schutzes genießen, stimmen wir implizit oder stillschweigend der Machtausübung des Staates über uns zu. Allerdings haben wir, wie wir gesehen haben, in Bezug auf Staatsbürgerschaft zumindest theoretisch die Wahl, diese auch wieder abzugeben und so der entsprechenden Verantwortlichkeit zu entgehen. Unsere Familie hingegen können wir nie gänzlich abstreifen und vollumfänglich gegen eine andere verwandtschaftliche Heimat eintauschen. Wir haben also mit Bezug auf die Familie nicht nur keine Möglichkeit, über den Eintritt in diese Gemeinschaft frei zu entscheiden, wir haben auch keine Möglichkeit, sie wieder zu verlassen.

Doch stimmt das wirklich? Familienbeziehungen können ja durchaus zerrüttet sein oder ganz zerbrechen. Die Familienabbrüche, von denen in der Einleitung dieses Buches die Rede war, zeigen ja, dass erwachsene Kinder sich sehr wohl aus dem Staub machen und einer unliebsamen Familienbeziehung entfliehen können. Aber können wir die Gemeinschaft mit unseren Eltern auch ›moralisch verlassen‹ und unseren Pflichten auf diese Weise vollständig entgehen? In Freundschaften scheint das ja tatsächlich möglich zu sein: Wenn ich für Eliza immer weniger empfinde und realisiere, dass mich ihre Gegenwart langweilt oder sogar aufreibt, werde ich vielleicht das Gespräch suchen und um die Freundschaft kämpfen. Doch vielleicht wendet sich unser Verhältnis nicht mehr zum Besseren, und unser Kontakt beginnt loser zu werden. Vielleicht kommt es auch zum Streit und zu einem Bruch, vielleicht auch nur zu einer langsamen, aber steten Entfremdung. Am Ende einer Freundschaft sind nicht nur die positiven Gefühle füreinander versiegt, sondern auch die Gründe, sich speziell füreinander zu engagieren, sich umeinander zu sorgen und sich gegenseitig zu verteidigen. Denn wir erinnern uns: Wir haben Grund, uns umeinander zu bemühen, insofern uns aneinander und an unserer Verbindung liegt. Das Beziehungsende tangiert also sowohl die emotionale wie die moralische Ebene. Die Pflichten der Freundinnen zueinander bestehen nicht mehr, weil die Beziehung, die deren Anlass war, nicht mehr besteht.

Damit sind wir zurück bei einem Phänomen, das ich vorher schon erwähnt hatte, nämlich, dass die Erfüllung der Freundschaftspflichten *konstitutiv* ist für die Freundschaft selbst: Höre ich auf, den Anliegen meines Freundes spezielles Gewicht zu geben und mich um ihn zu bemühen, verstehe ich mich offenbar nicht mehr als dessen Freundin und habe zumindest nach einiger Zeit auch keine entsprechenden Pflichten mehr. Bemühe ich mich hingegen immer stärker um eine anfänglich fremde Person, und tut sie dasselbe für mich, so werden wir über die Zeit hinweg vielleicht zu

Freunden. Was wir einander schulden, lässt sich also ganz offensichtlich steuern durch den Grad der Beziehung, den wir zulassen oder unterwandern.

Nun scheint es allerdings eigenartig, in diesem Zusammenhang von *Pflichten* zu sprechen: Pflichten gelten ja eigentlich kategorisch, sie sind nicht so beschaffen, dass wir ihnen entgehen können, wenn wir einfach eigenhändig die Rahmenbedingungen ändern. Im Gegenteil ist es gerade der Witz moralischer Pflichten, dass sie unabhängig von unseren Neigungen und Launen bestehen – dass ihre Normativität also stark und robust ist. Wenn wir im Rahmen von Freundschaften von Pflichten sprechen, haben wir aber ganz offensichtlich eine schwächere Normativität vor Augen, die durchaus von unseren Wünschen, Bedürfnissen und Zielen abhängt. Mit diesem Ausdruck der *schwachen Normativität* meine ich, dass Pflichterfüllung in Freundschaften eine ›beziehungskonstitutive Norm‹ ist, das heißt, dass die Beziehung unter anderem dadurch hergestellt wird, dass den entsprechenden Erwartungen Folge geleistet wird. Einige Philosophen haben darum vorgeschlagen, im Kontext persönlicher Beziehungen gar nicht von Pflichten zu sprechen, sondern nur von Gründen. Eine Freundschafts*pflicht* zu haben, heißt dann nichts anderes, als *Grund* zu haben, sich um seinen Freund zu bemühen, da man will, dass die Beziehung blüht und andauert, und solche Gründe können eben auch versiegen.

Diesen Vorschlag kann man rein instrumentell verstehen: Weil ich beispielsweise möchte, dass sich meine Freundin um mich kümmert, kümmere ich mich auch um sie. Das muss keinesfalls eine unzulässige Instrumentalisierung bedeuten, also eine, für die wir uns zu kritisieren brauchen. Denn wenn ich zum Friseur gehe, bemüht sich die Friseurin um einen guten Haarschnitt. Sie tut dies auch aus instrumentellen Gründen – nämlich damit ich zufrieden bin, wiederkomme und sie weiterempfehle; daran ist nichts Verwerfliches. Vielleicht bemüht sie sich aber auch, den Haarschnitt gut hinzukriegen, weil ihr an mir und an meiner Zufriedenheit liegt. Empfindet meine Friseurin so, bin ich ihr nicht nur als Kundin, sondern auch als Person ans Herz gewachsen. Und genau das geschieht in einer Freundschaft: Anfänglich bemühen wir uns vielleicht aus instrumentellen Gründen umeinander. Wir sind neu in einer Stadt, und es scheint nur klug, uns mit anderen Leuten anzufreunden, die uns zeigen, wie hier der öffentliche Verkehr funktioniert oder wo es ein gutes Yoga-Studio gibt. Mit der Zeit werden wir vielleicht mit einer auf diese Weise neu gefundenen Bekanntschaft regelmäßig ins Yoga-Studio gehen, weil es einfach zu zweit mehr Spaß macht und unsere Verabredung uns hilft, regelmäßiger Sport zu machen. Treffen wir uns immer öfter, beginnen wir vielleicht auch, uns über das geteilte Interesse an Yoga hinaus füreinander zu interessieren. Wir lernen einander immer mehr schätzen und werden Freundinnen. Wir haben nun nicht mehr nur Grund, zum vereinbarten Treffpunkt zu gehen, weil wir ausgemacht haben, Yoga miteinander zu üben, und weil wir fit bleiben wollen, sondern weil uns aneinander liegt. Wir haben nun – philosophisch gesprochen – nicht-instrumentelle Gründe, uns umeinander zu bemühen und zu sorgen.

Diese nicht-instrumentellen Gründe entstammen dem Wert der Beziehung selbst. Indem wir uns weiter um die andere Person kümmern, zeigen wir, dass die Bindung zu ihr wertvoll für uns ist. Das gilt ebenso für Liebesbeziehungen: Wer liebt, erachtet gewisse Gründe, die geliebte Person zu bevorzugen und zu beschützen, für sich als gewichtig, und dieses Gewicht entspringt der Liebe selbst.[14] Ist dem nicht mehr so, ist die Beziehung zu Ende. Anders ausgedrückt: Wenn ich meine Freundin am Geburtstag anrufe, sie im Krankenhaus besuche, mir ihre Eheprobleme anhöre, dann bestätige ich durch jede dieser Handlungen stets auch die Beziehung selbst. Höre ich auf mit dieser Sonderbehandlung und der gegenseitigen Anteilnahme, signalisiere ich auch, dass ich die Freundschaft nicht mehr als Quelle von Gründen und meine Freundin nicht mehr als Freundin sehe.

Verhält sich das bei Familienbanden ebenso? Zwar ist die Familienbeziehung als solche unfreiwillig, doch enge, vertraute Beziehungen zwischen Familienmitgliedern sind es nicht. Und letztlich sind es vielleicht nur diese gewählten, liebevollen Beziehungen, die besondere Gründe zwischen den Familienmitgliedern stiften. Indem wir diese pflegen und nähren, bestätigen wir die Verbundenheit. Und genau das tun natürlich auch viele Kinder, indem sie ihre Eltern besuchen, ihnen zuhören, mit den Enkeln vorbeigehen. Der Schriftsteller Wolfgang Herrndorf zum Beispiel schrieb in seinem Blog-Tagebuch *Arbeit und Struktur* über seine Mutter einen wunderbaren Satz, der nur auf den ersten Blick paradox wirkt: »Ich liebe sie sehr, und ich weiß, dass auch deshalb Verlass auf sie ist.«[15] Liegt uns jedoch an einer Familienbeziehung nicht mehr sonderlich, können wir mit unseren Eltern nichts mehr anfangen oder fühlen wir uns sogar durch sie eingeengt, dann sind wir frei, den Kontakt und die emotionale Beziehung versanden zu lassen. Doch damit sind wir wieder am Anfang und bei Jane English, die sagte: Kinder schulden ihren Eltern vielleicht als deren Freunde etwas – als Kinder hingegen schulden sie ihnen nichts, und deshalb können wir auch nicht behaupten, alle Kinder seien ihren Eltern allein aufgrund ihrer Kindschaft verpflichtet. Diese Ausgangsthese Jane Englishs haben wir auf den letzten Seiten erweitert: Möglicherweise liegt vielen Kindern an ihren Eltern, und wenn dem so ist, ergeben sich aus dieser emotionalen Verbundenheit auch spezielle Gründe, sich um Vater und Mutter zu kümmern. Doch *erstens* schulden sie dies ihren Eltern nicht als ihre Kinder. Ihr Kind zu sein, verpflichtet für sich genommen zu rein gar nichts.

Und *zweitens* ergibt sich selbst im Fall einer positiven Bindung nur schwache Normativität: In Freundschaften und anderen persönlichen Beziehungen ist die Pflichterfüllung, wie wir gesehen haben, konstitutiv für die Beziehung selbst. Das heißt, dass die Beziehung unter anderem dadurch hergestellt wird, dass den entsprechenden Erwartungen auch Folge geleistet wird. Doch wissen wollten wir mit der Frage nach filialen Pflichten eigentlich etwas anderes, nämlich, ob die Verbindung zwischen Eltern und Kindern auch über ›starke Normativität‹ verfügt, das heißt: mit Pflichten einhergeht, die unabhängig von dem bestehen, was wir mit und in der Beziehung erst an Normativität herstellen. Würden die Pflichten, die Kinder ihren Eltern gegenüber haben, vom Wert der Beziehung abhängen, den wir dieser beimessen, würden sich die Pflichten auflösen, wenn wir uns unseren Eltern nicht mehr hinreichend zugeneigt fühlten. Doch so empfinden wir keineswegs. Im Gegenteil: Die Frage nach Pflichten stellt sich ja vor allem dann, wenn es zu Spannungen kommt und die herzliche Verbundenheit löchrig wird oder sogar ins Negative kippt.

Die Eltern-Kind-Beziehung unterscheidet sich dadurch von anderen Beziehungen – und eben auch von Freundschaften –, dass der Erhalt der Konstitutionsbedingungen, also das, was zu Pflichten Anlass gibt, nicht allein in den Händen der Betroffenen liegt. Ich kann nicht einfach aufhören, mich wie eine Tochter zu benehmen, und erwarten, dass ich das mit der Zeit dann auch nicht mehr bin. Wir sind und bleiben ein Leben lang von ganz bestimmten Personen Geborene, Aufgezogene und Erzogene; aus dieser Haut können wir nicht schlüpfen. Das bringt die junge Isabel im Filmdrama *The Light Between Oceans* von 2016 gut auf den Punkt. Sie erzählt von der tiefen Trauer ihrer Mutter, die ihre beiden Söhne in den Schützengräben des Ersten Weltkriegs verloren hat, mit den Worten: »Es gibt Exmänner, Exfreundinnen, aber keinen Exsohn, keine Extochter.« Offenbar können selbst abgetauchte oder verstorbene Kinder nicht in den Status des Exkindes abgleiten – und das ist ebenso wenig möglich mit Blick auf die eigenen Eltern; niemand würde von seinem verschollenen Vater als Exvater sprechen oder von der verstorbenen Mutter als Exmutter.

Zugegeben: Diejenigen Elemente der Eltern-Kind-Beziehung, die sich offenkundig nicht aufkündigen lassen und denen man nicht entgehen kann, sind alle rein empirischer Natur. Nicht kündbar sind nämlich lediglich die biologischen Abstammungsverhältnisse respektive bei Adoptivkindern die rechtliche Zuschreibung von Elternschaft. Doch weshalb sollten uns diese Gegebenheiten auch moralisch verpflichten? Wer die These, dass »Blut dicker als Wasser« sei, verteidigen will, muss zunächst zeigen, dass er nicht einen Fehlschluss vom Sein auf das Sollen begeht, der von bloßen biologischen Tatsachen auf moralische normative Forderungen schließt. Doch liegt möglicherweise in der ›Kindschaft‹ als Beziehung der ›Blutsbande‹ weitaus mehr normative Kraft, als wir auf die Schnelle denken. Hat die Redewendung »Blut ist dicker als Wasser« vielleicht also auch moralisch gesehen ihre Richtigkeit? Um diese Frage zu klären, gehe ich im nächsten Kapitel auf die (Bluts-)Verwandtschaft ein und frage, ob uns der Umstand, dass wir jemandes Kind sind und dies auch bis zum Tod bleiben, moralisch verpflichtet – und zwar unabhängig davon, wie wir für unsere Eltern empfinden. Ließe sich diese Frage bejahen, hätten wir eine starke Normativität gefunden, die Kinder gegenüber ihren Eltern verpflichten würde und die unabhängig von der Frage bestünde, ob sie mit ihren Eltern auch tatsächlich befreundet sind.

Halten wir kurz Rückschau. Ich bin in diesem Kapitel der Idee nachgegangen, dass die Eltern-Kind-Beziehung die Kinder an sich verpflichtet. Anders gesagt habe ich untersucht, ob die Beziehung *an sich* Pflichten von Kindern gegenüber ihren Eltern stiftet. Um diese Frage zu klären, untersuchte ich eine andere persönliche Beziehung, nämlich die Freundschaft. Freunde haben ganz offensichtlich Pflichten, die aus der Freundschaft selbst herrühren, und es stellt sich die Frage, ob Gleiches nicht für Kinder und Eltern gilt. Manche Kinder sind tatsächlich mit ihren Eltern befreundet, und in diesen Fällen sind sie ihnen auch verpflichtet – allerdings eben als deren Freunde und nicht als deren Kinder. Aber nicht alle Kinder haben eine so enge Beziehung zu ihren Eltern. Wir hätten also, wenn wir das, was Kinder ihren Eltern allenfalls schulden, als Freundschaftspflichten interpretieren würden, nur Pflichten für gewisse Kinder ausfindig gemacht, die mit ihren Eltern auch befreundet oder ihnen sonstwie nahe verbunden sind. Verstehen wir die Eltern-Kind-Beziehung jedoch lediglich als ähnlich zu einer Freundschaft, stoßen wir auf das Problem, dass die Analogie in vielfacher Hinsicht schief ist: Anders als bei Freundschaften handelt es sich bei Eltern-Kind-Verhältnissen um asymmetrische, unfreiwillige Beziehungen. Unseren Freundschaftspflichten können wir beispielsweise entgehen, indem wir die Bande lösen oder uns zumindest innerlich distanzieren. Gründe der Liebe bestehen nämlich einfach nicht, wenn wir nicht (mehr) lieben.

Dieser Umstand erweist sich aber als unbefriedigend für das Nachdenken über Kinder und ihre Eltern. Denn sind Kinder nicht auch verpflichtet, sich um ihre Eltern zu kümmern, wenn sie sich ihnen nicht sonderlich nah fühlen? Ist es nicht sogar so, dass wir genau für diesen Fall eine Antwort darauf suchen, was Kinder ihren Eltern schulden?

An dieser Stelle ist ein Zugeständnis angebracht. Ich habe es mir natürlich zu einfach gemacht mit der Aussage, Freunde könnten ihren Pflichten jederzeit dadurch entgehen, dass sie die Freundschaft einfach beenden. Freunde können sich selbstredend nicht kurzerhand von heute auf morgen aus dem Staub machen – oder zumindest können sie das nicht tun, ohne für massives Unverständnis zu sorgen. Wer sich mir nichts, dir nichts aus einer Freundschaft verabschiedet, einfach weil sie oder er das Interesse am gewohnten Gegenüber verloren hat oder weil die Umstände die Freundschaft kompliziert machen, der scheint schlicht nicht verstanden zu haben, worum es bei Freundschaft im Wesentlichen geht: nämlich darum, einander die Treue zu halten. Michel de Montaigne betont in seinem Essay *Von der Freundschaft* zu Recht: Unverbindlichkeit ist mit wahrer Freundschaft nicht zu vereinen.[16]

Allerdings ist es ein großer Unterschied, ob man immer schon eine unverbindliche Freundschaft lebt – oder ob eine

Freundschaft zu Ende geht und deshalb die Verbindlichkeit abnimmt. Denn zweifelsohne können sich Freunde über die Jahre auseinanderleben oder sich wiederholt streiten, sodass die Gründe versiegen, die einst Anlass gaben, sich speziell umeinander zu kümmern. Nicht immer wird diese Veränderung allerdings beidseitig gleich empfunden – und insbesondere nicht gleichzeitig. Dann aber gilt in der Freundschaft wie in der Liebe das Gesetz der *Trägheit*: Man soll dem anderen die Zeit lassen, die Gründe nachvollziehen zu können, die zum Erkalten der Zuneigung führten. Wer sich von heute auf morgen verabschiedet, ohne vorangegangene Vermittlungsversuche oder entsprechende Vorwarnungen, dem machen wir berechtigterweise moralische Vorwürfe. Entweder lässt sein Verhalten nämlich darauf schließen, dass ihm an der anderen Person nicht wirklich lag, dass seine Zuneigung also geheuchelt war und er seine Freundin im Irrglauben ließ, wirklich an ihr interessiert zu sein. Denn wenn einem eine Person wirklich wichtig ist, dann hört man nicht plötzlich auf, sich in besonderer Weise für sie zu engagieren.

Oder aber ein Kontaktabbruch kann einfach Ausdruck von Feigheit sein, sich den Vorwürfen und der Trauer des Gegenübers zu stellen. Menschen, die nahe Beziehungen pflegen, machen sich jedoch nun einmal verletzlich füreinander – das ist die Kehrseite jeder liebenden Verbindung. Und dieser Verletzlichkeit ist mutig und angemessen Rechnung zu tragen, etwa indem eine nahe Bindung sorgfältig gelöst und umsichtig mit ehemaligen Freunden und vormals Geliebten umgegangen wird. Inwiefern diese Verletzlichkeit eine Quelle von Pflichten in Familien sein könnte, diskutiere ich im übernächsten Kapitel; vorher aber wenden wir uns unseren Blutsbanden zu.

5 VERWANDTSCHAFT

»Der Apfel fällt nicht weit vom Stamm.«
SPRICHWORT

»Bei der Verwandtschaft kann die gegenseitige Zuneigung fehlen, bei der Freundschaft aber nicht.«
CICERO[1]

Im Film *Star Wars – Das Imperium schlägt zurück* kommt es zu einer bedeutungsvollen Begegnung zwischen Darth Vader und Luke Skywalker. Darth Vader ist den dunklen Mächten verfallen, während Luke auf der Seite des Guten für Vaders Erlösung kämpft. Mitten in einem Gefecht, bei dem Darth Vader versucht, Luke zu den finsteren Mächten hinüberzuziehen, gesteht er Luke: »Ich bin dein Vater.« Luke erstarrt. Würde er an dieser Stelle gleichgültig mit den Schultern zucken und arglos entgegnen: »Na, und?«, verfehlte dies komplett die Pointe des Films. Denn dass nicht nur ein finsterer Geselle, sondern sein leibhaftiger *Vater* vor ihm steht, ist eine bedeutungsschwere Nachricht für Luke – ganz anders, als es die Mitteilung wäre: »Wir waren mal Nachbarn« oder: »Wir sind zusammen bei den Pfadfindern gewesen«.

Wer uns gezeugt hat, aus wessen Fleisch und Blut wir hervorgegangen sind, das ist hoch relevant für uns. Und wähnten wir uns bezüglich unserer Herkunft wie Luke Skywalker in einem falschen Glauben, dann wäre die entsprechende Korrektur eine gewichtige Enthüllung. Die Kenntnis der eigenen Abstammung halten wir für so bedeutsam, dass wir sie auch rechtlich schützen: Gemäß Artikel 7 der UN-Kinderrechtskonvention hat jedes Kind bei Volljährigkeit das Recht auf Aufklärung über die genetische Identität seiner Eltern. Werden ihm mit Blick auf seine Herkunft Lügen aufgetischt, kommt das einer Verletzung des entsprechenden Artikels gleich. Doch weshalb interessieren wir uns eigentlich so sehr für die Frage, wer unsere genetischen Eltern sind? Sind Verwandtschaftsverhältnisse lediglich informativ für die eigene Biographie und das Selbstverhältnis einer Person? Oder ist Verwandtschaft auch normativ gehaltvoll und bindet jene, durch deren Adern ›gleiches Blut‹ fließt, auch moralisch aneinander?

Die Redewendung »Blut ist dicker als Wasser« suggeriert auf jeden Fall entsprechende verwandtschaftliche Pflichten. Sie besagt, dass wir unseren Eltern, Geschwistern, Cousins, Tanten und Onkeln mehr und anderes schulden als Nicht-Verwandten – und zwar aus einem einzigen Grund: weil sie zur Familie gehören und wir somit in wesentlicherer Weise mit ihnen verbunden sind als mit Nicht-Verwandten. Nehmen wir das geflügelte Wort ernst, ist Verwandtschaft nicht nur ein Abstammungsverhältnis, sondern ein normatives Konzept, das mit berechtigten Ansprüchen und Pflichten jener einhergeht, die in einem Stammbaum mehr oder weniger eng verbunden sind. Blutsverbindungen tragen offenbar verlässlich und schaffen Verbindlichkeiten, die unauflösbar scheinen.

Dabei sind solche Blutsbande ihrem ursprünglichen Verständnis nach ein anspruchsvolleres Konzept als Freundschaft. Das zeigt sich einmal mehr in unserer Alltagssprache: Wollen wir von einem Freund sagen, dass wir ihm tief verbunden sind, bemühen wir als Mittel der Steigerung gern die Familienbindung als Metapher. Wir sagen etwa: »Er ist wie ein Bruder für mich« oder: »Sie war mir wie eine Mutter«. Freunde können außerdem, wenn wir bei diesem Bild bleiben wollen, ›Blutsbrüderschaft‹ schließen und ihre Verbindung dabei mit einer Art biologischem Upgrade versehen. Als Kinder haben wir uns kleine Schnitte in die Haut geritzt, unsere Handgelenke aneinandergepresst und uns feierlich ewige Treue gelobt, Karl Mays Helden Winnetou und Old Shatterhand vor dem inneren Auge, die, im Blut vereinigt, nicht nur ihr letztes Hemd, sondern auch ihr Leben füreinander gegeben hätten. ›Blutsbrüder‹ sind nämlich nicht nur bereit, einander zu helfen, zu verzeihen und gegen Außenstehende zu verteidigen, wie es Freundinnen und Freunde tun, sondern einander auch, wenn es hart auf hart geht, zu rächen und zu schützen bis in den Tod hinein.

Die Frage, ob man sich eigentlich noch leiden kann und ob man hinreichend gemeinsame Interessen hat, spielt der Vorstellung nach ab dem Moment der Blutsbrüderschaft keine Rolle mehr. Denn Gefühle mögen flüchtig sein, Blut ist es nicht. Die schwache Normativität, die, wie wir im letzten Kapitel gesehen haben, Freundschaften kennzeichnet, wird durch die Blutsbrüderschaft also ganz offensichtlich in starke Normativität verwandelt: Auch wenn das gegenseitige Verständnis wankt und die Gemeinschaft uns auf harte Proben stellt, haben wir zu dieser Verbindung zu stehen und die Ansprüche, die mit ihr einhergehen, zu erfüllen. Das Konzept der Blutsbande scheint damit genau jene Intuition einzufangen, auf die wir im letzten Kapitel bereits gestoßen sind: Familiäre Verantwortung besteht offenbar unabhängig davon, ob wir unseren Eltern, Geschwistern oder anderen Verwandten auch emotional verbunden sind. Sie beruht auf Fakten, die weder wähl- noch kündbar sind – oder, wie Cicero schreibt: »Bei der Verwandtschaft kann die gegenseitige Zuneigung fehlen, bei der Freundschaft aber nicht.« Zuneigung und ein gesteigertes Interesse aneinander machen Freundschaft gerade aus und sind konstitutiv für diese; Verwandtschaft hingegen bleibt ganz unabhängig von emotionaler

Verfasstheit bestehen. Die entscheidende Frage ist bloß: Verpflichtet Verwandtschaft tatsächlich? Ist Blut auch moralisch gesehen dicker als Wasser?

Auf der einen Seite wirkt diese Vorstellung hoffnungslos veraltet, ja fast schon reaktionär. Blutsverwandtschaft klingt nach Blutrache, nach Blutschande – nach Konzepten, in denen Verwandtschaft höher gewichtet wird als individuelle Entscheidungen und Lebensentwürfe, und mit Hilfe derer unzulässig in den Freiheitsbereich von Personen eingegriffen wird. Außerdem scheint die Vorstellung, Verwandtschaft sei an sich moralisch bedeutsam, in einem Sein-Sollen-Fehlschluss zu gründen, indem von Biologie (also von Tatsachen) auf Moral (also auf Normativität) geschlossen wird. Auf der anderen Seite ist uns hinsichtlich vieler Beispiele zumindest intuitiv vollkommen klar, dass Verwandtschaft irgendwie bedeutsam sein *muss*. Warum sonst finden wir die Vorstellung von vertauschten Kindern so furchtbar und lesen entsprechende Geschichten mit Grauen? Weshalb wird dem Kind gemäß der UN-Kinderrechtskonvention das Recht auf Kenntnis seiner genetischen Abstammung zugestanden, und warum ist die anonyme Samenspende in vielen Ländern mittlerweile verboten? Haben wir es bei all diesen Reaktionen und Intuitionen mit voraufklärerischem Denken zu tun, das überwunden werden müsste? Die Blutsverwandtschaft steht offenbar wie ein erratischer Block in der Landschaft der Moderne, indem sie das Individuum als gebunden und unfrei vorstellt, als bereits beschriebenes Blatt, das zumindest einen Subtext seiner Existenz nicht selbst zu schreiben in der Lage ist und eine der bedeutsamsten Beziehungen in seinem Leben nicht frei wählen kann.

Dabei ist die Irritation bezüglich der Bedeutung der Blutsbande vielschichtig. Sie beginnt bereits mit einer begrifflichen Unschärfe. Denn ›blutsverwandt‹ klingt nicht nur archaisch, sondern ist in Zeiten der modernen Reproduktionsmedizin auch als Begriff klärungsbedürftig. Zwar gab es immer schon Kuckuckskinder, die mit ihrem sozialen Vater genetisch nicht (bluts-)verwandt sind. Doch zumindest hinsichtlich der mütterlichen Abstammung herrschte bis vor einigen Jahrzehnten stets Klarheit, was sich auch im alten Rechtsgrundsatz *»Mater semper certa est«* niederschlug: Während man von jeher nie abschließend wissen konnte, wer der Vater eines Kindes ist, ohne der Angabe der Mutter zu vertrauen, musste man sich diese Frage bezüglich der Mutterschaft nicht stellen. Brachte eine Frau ein Kind zur Welt, war es mit Sicherheit auch biologisch gesehen ihres, die gebärende Mutter und ihr Kind waren definitionsgemäß blutsverwandt. Mit Eizellspende, Embryonenspende und Leihmutterschaft ist dieser Grundsatz als unumstößliches Gesetz hinfällig geworden. Schwangerschaft geht nicht mehr zwingend mit genetischer Verwandtschaft einher, und es stellt sich die Frage, was der Begriff ›verwandt‹ im 21. Jahrhundert überhaupt noch bedeutet: Ist eine Eizellspenderin verwandt mit dem gezeugten Kind? Genetisch sicher – doch ist sie auch seine Mutter? Und ist die Leihmutter verwandt mit dem Kind, das sie zur Welt bringt? Die Blutkreisläufe von Leihmutter und Kind waren verbunden – ob das jedoch Verwandtschaft im moralischen Sinn generiert, ist strittig. Und inwiefern sind die Mitglieder von Patchworkfamilien verwandt? Kinder werden in diesen Familien oft quasi über Nacht und ungefragt zu Geschwistern. Doch sind sie auch verwandt – gehören sie zu derselben Familie?

Der heutige Pluralismus an Familienformen macht deutlich, dass genetische Abstammung mitnichten eine notwendige Bedingung für Familie ist – und im Grunde genommen auch nie war: Ziehsöhne, Ammen und Stiefmütter existierten bereits lange vor der Zeit, als die Rede von der Patchworkfamilie einsetzte.[2] Immer schon gab es auch Frauen, die unfruchtbaren Paaren als Leihmütter ihre Kinder austrugen – denken wir etwa an die alttestamentliche Magd Bilha, die Jakob auf Wunsch seiner Frau zwei Söhne gebärt, oder an die Sklavin Hagar, die Sara und Abraham zum lang ersehnten Nachwuchs verhilft. Die blutsverwandte Kleinfamilie ist also alles andere als ›die Norm‹, sondern ein vergleichsweise junges Ideal, das erst vor rund dreihundert Jahren zur schützenswerten Keimzelle der Gesellschaft avancierte. In den 1950er und 1960er Jahren wurde sie in vielen westlichen Industriestaaten sogar unter besonderen staatlichen Schutz gestellt und mit einem gesellschaftlich verbindlichen Lebensplan gepaart, der im Slogan *»Love, marriage, baby carriage«* zusammengefasst werden kann.[3] Mit der modernen Reproduktionsmedizin und den steigenden Scheidungsraten gerät dieses Ideal inzwischen aber unter Druck – und für einige ist das bereits Anlass, wie vor einem Dammbruch davor zu warnen, dass die ›genetische Ordnung‹ aus den Fugen geraten könnte.

Doch wovor genau wird dabei eigentlich gewarnt? Die Sorge kann natürlich dem Umstand gelten, dass neue medizinische Verfahren immer auch Risiken bergen, etwa hinsichtlich einer Zunahme von Gendefekten, die weitervererbt werden könnten. Abgesehen davon, dass das Ausmaß solcher Risiken unklar ist, ließen sich diese aber mit gezielten Auflagen vermutlich in Schach halten. ›Genetische Unordnung‹

muss also nicht zwingend risikoreich sein. Die eigentliche Warnung, die entsprechende ›Ordnung‹ aufzugeben, wurzelt wohl eher in einer moralischen Sorge. Der amerikanische Philosoph David Velleman formuliert diese Sorge so: Weil die genetische Abstammung für Heranwachsende von großer Bedeutung sei, um sich selbst richtig verstehen zu lernen und eine gefestigte Identität auszubilden, dürfe die Blutsverwandtschaft als Kategorie nicht zum Verschwinden gebracht werden.[4]

Nun ist das Wissen um die eigene Herkunft zweifelsohne bedeutungsvoll für die Frage, wer wir eigentlich sind. Wer keinerlei Wissen um seine Wurzeln hat und die Menschen, von denen er abstammt, nicht kennt, dem dürften einige Puzzleteile auf dem Weg der ›Selbstfindung‹ fehlen. Herkunft erschöpft sich dabei aber sicher nicht in einer DNA-Analyse, also in Kenntnis der Gene, sondern zielt auf eine weitaus reichhaltigere Idee davon, wie und wo wir aufgewachsen sind, wer unsere Eltern und Verwandten sind, wie sie leben, sich verhalten, womit sie hadern, was ihnen glückt. Dieses reichhaltige Wissen um die eigene Herkunft wurde von jeher als ein *Bestandteil der Selbstkenntnis* verstanden: Die eigene Herkunftsfamilie dient uns als eine Art Spiegel, der enthüllt, welche Anlagen und welches Wesen wir in uns angelegt haben. Mit Hilfe dieser Spiegelung entdecken wir Familienähnlichkeiten, die uns wiederum einen neuen und kenntnisreicheren Blick auf das eigene Selbst eröffnen: auf unseren Hang zur Unordentlichkeit, unser Organisationstalent, unsere Tendenz zur Ungeduld. Einige meinen sogar, die Kenntnis der Familienbande erfülle diese Spiegelfunktion nicht nur bezüglich des eigenen Selbstbildes, sondern auch mit Blick auf andere Familienmitglieder. Velleman behauptet beispielsweise, er hätte seinen älteren Sohn nie so gut verstehen können, wenn er nicht auch dessen Onkel gekannt hätte, dem der Sohn ähnlich sei. Erst die Spiegelung des Sohnes im Wesen des Onkels habe den Zugang zu seinem Sohn komplettiert. Ähnliches gilt vermutlich auch für Eltern in Bezug auf ihre Kinder: In der Wahrnehmung von deren Macken erkennen sie die eigenen Marotten erst recht in aller Deutlichkeit (was im Übrigen nicht immer eine angenehme Erfahrung ist, wie Eltern oft erleben).

Die Kenntnis unserer Abstammung dient aber nicht nur der Dekonstruktion – zu verstehen, wer oder was wir sind –, sondern auch der Konstruktion: Um nämlich überhaupt erst jemand werden und sein zu können und eine *gefestigte Identität* auszubilden, müssen wir, behauptet Velleman, den narrativen Kontext kennen, in den unser Leben und unsere Geschichte eingebunden sind, die wiederum erst vor dem Hintergrund des großen Ganzen eine spezifische Bedeutung erlangen. Denn Selbstbestimmung und Identität fallen nicht vom Himmel. Sie erwachsen stets in Abgrenzung von und Auseinandersetzung mit anderen Personen. Nahe Beziehungen sind deshalb zumindest ein Stück weit eine Voraussetzung für die Herausbildung und Festigung eines Selbst. Die Frage danach, wer wir sind, ist also immer auch die Frage nach unserer Geschichte, nach unserer Herkunft, unserem wortwörtlichen ›Werdegang‹. Wir alle kennen die Art und Weise, wie wir selbst an solchen Narrativen weben und die entsprechenden Familiengeschichten wahlweise als Bekräftigung oder Entschuldigung für die eigenen Stärken und Schwächen einbringen: Wenn ich mir ein Kleid kaufe, das ich nicht brauche, dann umso lieber mit der Rechtfertigung, dass mein Großvater St. Galler Spitzen verkaufte und ich seine Leidenschaft für edle Stoffe *nolens volens* vererbt bekommen habe.

Halten wir an dieser Stelle kurz inne. Die Frage, die mich in diesem Buch beschäftigt, ist, ob erwachsene Kinder ihren Eltern speziell verpflichtet sind. Nachdem die *transaktionale Perspektive* mit den Dimensionen Schuld und Dankbarkeit auf diese Frage keine positive Antwort lieferte, habe ich mich der *relationalen Perspektive* zugewandt und die Eltern-Kind-Beziehung selbst in den Blick genommen. In diesem Kapitel hier gehe ich nun der Frage nach, ob allein der Umstand der Verwandtschaft – dass wir also die Kinder ganz bestimmter Eltern sind – eine solche spezielle Pflicht begründen kann. Dabei stellt sich natürlich auch die Frage, wie ›Verwandtschaft‹ überhaupt zu fassen ist. Eine naheliegende Möglichkeit verweist auf die biologische Verbindung, auf die ›Blutsverwandtschaft‹, und spricht dieser Bindung selbst normative Kraft zu. Genau dies tut auch David Velleman: Weil die Kenntnis unserer nächsten Verwandten für unser Selbstverständnis und für die Herausbildung einer gefestigten Identität von so zentraler Bedeutung sei, ist sie für ihn auch moralisch relevant. Wir werden jedoch später sehen, dass ›soziale Verwandtschaft‹ – also die Verbindungen, die in Patchwork- oder Adoptionsfamilien entstehen – dieselbe Funktion haben kann. Bleiben wir aber vorerst noch kurz bei der Blutsverwandtschaft und fragen, was deren Bedeutung für unsere Selbstkenntnis und unsere Identität in Hinsicht auf die Frage nach filialen Pflichten ist.

Erst einmal scheint die moralische Dimension der Verwandtschaft ja nur – wenn überhaupt – die Eltern gegenüber ihren Kindern zu verpflichten. Je nach Auffassung sind sie offenbar verpflichtet, ihre Elternschaft dem Kind offenzulegen oder aber ihren biologischen Nachwuchs gleich selbst aufzuziehen. David Velleman vertritt diese stärkere These: Da es für die Identitäts- und Persönlichkeitsentwicklung von Kindern wichtig sei, in Kontakt und Austausch mit ihren genetischen Eltern zu stehen, müssten diese sich auch um ihren eigenen Nachwuchs kümmern. Als Beleg für seine These führt er ins Feld, dass viele adoptierte Kinder im Erwachsenenalter ihre genetischen Eltern suchen würden – für ihn ein eindeutiger Hinweis darauf, dass sie auf der Suche nach einem vervollständigten Selbstbild und einer narrativen Identität seien. Für Velleman ist es deshalb nicht nur moralisch problematisch, Kinder mit anonym gespendeten Keimzellen zu zeugen und ihnen somit die Möglichkeit der Kenntnis ihrer biologischen Herkunft zu verweigern, sondern ebenso, Kinder künstlich zu zeugen mit der Absicht, sie getrennt von deren genetischen Eltern aufwachsen zu lassen. Denn den entsprechenden Kindern werde damit ungerechtfertigt die Chance verweigert, ihre eigene Identität und ihr Selbstbild in realem Austausch mit ihren Verwandten zu schärfen und zu stärken. Daraus folgt natürlich nicht, dass Velleman auf die unplausible Position festgelegt wäre, dass es unter allen Umständen falsch sei, Kinder zur Adoption freizugeben. Es kann für ein Kind, das ungewollt entstanden ist, sogar das Beste sein, bei anderen sozialen Eltern aufzuwachsen als bei seinen genetischen. Nur die geplante Zeugung von Kindern, denen man ein Aufwachsen in seiner genetischen Familie von vornherein verwehren will, hält Velleman für falsch. Er vertritt damit eine weitaus radikalere Position, als es die UN-Kinderrechtskonvention vorsieht, der zufolge jedes Kind das Recht hat, die Identität seiner genetischen

Eltern zu erfahren, nicht jedoch, mit und bei ihnen groß zu werden.[5]

Doch abgesehen von der Frage, welche Auffassung man diesbezüglich vertritt, ist damit die Frage, ob Kinder *ihren* Eltern aufgrund der Verwandtschaft etwas schulden – ob Luke Skywalker also beispielsweise Darth Vader aufgrund seiner Enthüllung im Zweikampf verschonen sollte –, noch ungeklärt. Warum sollte ein Kind seinen Eltern aufgrund der Tatsache etwas schulden, dass in seinem Blut sozusagen die Elementarteilchen seiner Eltern schwimmen? Eine naheliegende Antwort lautet: weil Blut nicht irgendeine Flüssigkeit ist, sondern der ›Lebenssaft‹ schlechthin, und weil wir diesen Saft von unseren Eltern erhalten haben. Wer das behauptet, fällt aber auf die Position zurück, dass Kinder ihren Eltern ihre Existenz verdanken und aus diesem Grund etwas schuldig bleiben – und macht damit das Argument der Pflicht zur Dankbarkeit geltend, das ich im dritten Kapitel ausführlich diskutiert und zurückgewiesen habe. Wenn Verwandtschaft – oder für unsere Frage enger gefasst: Kindschaft – an sich verpflichten soll, müssen meines Erachtens andere Gründe als jene des Lebensgeschenks ins Feld geführt werden. Wir müssen deshalb weiter fragen: Ist Verwandtschaft als Quelle von Identität auch eine Quelle von Normativität, die Verwandte moralisch bindet?

Stellen wir uns vor, eine junge Frau habe vor Kurzem erfahren, dass ihr Vater nicht ihr leiblicher Vater ist. Ihre Mutter hat ihr den Seitensprung mit einem Freund der Familie gestanden, als sie achtzehn wurde. Die Tochter ist enttäuscht von ihren Eltern, die ihr über all die Jahre hinweg vorgaukelten, ihr Papa sei ihr ›richtiger‹ Vater. Aber mit der Zeit kommt sie über diese Enttäuschung hinweg – nicht zuletzt auch, weil ihre Eltern offenbar keine Schwierigkeiten mit dem Vorgefallenen haben. Zwar sieht sie den besagten Familienfreund seit dem Geständnis ihrer Mutter mit anderen Augen, weil sie sich fragt, was sie wohl von ihm geerbt hat und was ihre Mutter damals an ihm fand. Aber wenn sie ehrlich ist, hält sie nicht allzu viel von ihm und sucht auch keinen näheren Kontakt. Eines Tages jedoch ist sie in der Stadt unterwegs, als sie Zeugin eines Unfalls wird. Eine Gasexplosion in einem Warenhaus führt zum Einsturz einer Decke, dramatische Szenen ereignen sich. Sie erkennt ihren biologischen Vater unter den Verletzten, die sich ins Freie retten können. Würde es nicht eigenartig anmuten, wollte sie ihm nicht als Erstem helfen?

Zwar hat die Frau keine Beziehung zu ihrem leiblichen Vater, aber es scheint uns dennoch mehr als verständlich, wenn sie den Impuls verspürt, ihrem genetischen Vater zuerst zu helfen. Hätte sie diesen Impuls nicht, würden wir vermuten, dass sie ihm grollt und es ihm heimzahlen will oder denkt, es geschehe ihm gerade recht. Ihr Desinteresse schiene uns in einer solchen Situation reichlich eigenartig. Hätten wir, um ein anderes Beispiel zu nehmen, berühmte Vorfahren und würden deren Vermächtnis achtlos wegwerfen oder uns überhaupt nicht dafür interessieren, was sie geschaffen haben, so würden andere zu Recht vermuten, dass unser Desinteresse begründet sei: Vielleicht hadern wir mit unserer Familiengeschichte und wollen uns ganz bewusst von dieser abgrenzen. Oder aber wir haben das ganze Aufheben um die berühmten Vorfahren immer nur als nervig empfunden. Anders gesagt gehen wir normalerweise davon aus, dass wir uns selbstverständlich bis zu einem gewissen Grad mit unserer

Familiengeschichte und Herkunft beschäftigen wollen und dies auch tun. Und genau deshalb schiene es uns auch unangemessen oder sogar absurd, wenn Luke Skywalker in der Filmszene mit den Schultern zucken und auf die Enthüllung seines Vaters nur mit »*so what?*« reagieren würde.

Doch so verständlich es uns scheint, dass wir uns für die eigene Herkunft und unsere Familiengeschichte genauso interessieren wie für die Personen, die darin wichtige Rollen gespielt haben oder weiter spielen, so folgt aus diesem ›natürlich‹ erscheinenden Interesse dennoch keine moralische Pflicht. Zwar wirken Personen, denen ihre Verwandten und ihre Familiengeschichte ohne Grund ganz egal sind, wie gesagt oft bizarr. Und weil es mit Blick auf die eigene Identität und ein geläutertes Selbstverständnis wertvoll und bereichernd sein kann, sich mit der eigenen Familiengeschichte zu befassen, finden wir es vielleicht auch bedauerlich, wenn andere sich die Chance entgehen lassen, den Spiegel der eigenen Geschichte zu nutzen und mehr über sich selbst zu erfahren. Einen *moralischen* Fehler jedoch, für den wir ihnen einen Vorwurf machen können, begehen sie mit ihrem Verhalten nicht. Bloß weil Eltern in einem genetischen Sinn unsere Eltern sind, schulden wir ihnen nichts.

Ein weiterer Punkt ist hier wichtig: Ganz offensichtlich ist das Interesse an der eigenen Herkunft und Identität, wenn es besteht, ein historisches. Wir wollen wissen, wie wir die geworden sind, die wir sind – in welche Geschichte wir uns einreihen. Zu diesen Geschichten gehören aber nicht nur genetische Beziehungen, sondern, wie es bereits an früherer Stelle in diesem Buch anklang, klarerweise auch soziale Bezugsrahmen. Wenn es um die Entwicklung eines Selbstbildes und einer gefestigten Identität geht, ist eine Engführung des Verwandtschaftsbegriffes auf Blutsverwandtschaft deshalb unzulässig. Denn *erstens* schärfen Kinder ihre Identität nicht nur in Familienbeziehungen, sondern in einer Vielzahl von sozialen Bindungen, die hinreichend robust und langfristig sind. *Zweitens* ist Familie womöglich tatsächlich einer der prägendsten Kontexte überhaupt – bloß ist sie das ebenso, wenn sie nicht auf genetischer Verwandtschaft beruht.[6] Kinder brauchen, um eine stabile Identität auszubilden, auf jeden Fall lang währende und verlässliche Beziehungen und konstante Fürsorge. Aber als Eltern empfinden und anerkennen Kinder in aller Regel einfach jene Menschen an, die diese Rolle während ihrer Kindheit hauptsächlich ausgefüllt haben – genetisch verwandt müssen diese deswegen noch lange nicht sein. Regenbogenfamilien, Patchworkfamilien und Einelternfamilien sind genauso Familien. Der japanische Film *Like Father, Like Son* von 2013 erzählt in diesem Sinne die berührende Geschichte zweier japanischer Familien, deren Kinder als Babys vertauscht wurden. Als das entdeckt wird, versuchen die Familien, die Kinder ›zurückzutauschen‹, was in einer Katastrophe endet, weil die beiden Jungen weiterhin jene Personen als ihre Eltern empfinden, die sich bisher um sie kümmerten. Der eine Junge, Ryusei, bringt diese Tragik zum Ausdruck, als er seinen leiblichen Vater an einer bestimmten Stelle des Films fragt: »Warum muss ich dich Papa nennen, wenn ich schon einen habe?« Sein Vater ist und bleibt für ihn also derjenige Mann, der ihn großgezogen hat und stets für ihn da war – nicht jene Person, die plötzlich in seinem Leben auftaucht und behauptet, sein ›eigentlicher‹ Vater zu sein.

Es braucht also weder notwendig eine *genetische* Verwandtschaftsbeziehung, um ein eigenes Selbstverständnis und eine Identität entwickeln zu können, noch ist es *allein die Familie*, die als Quelle dieser Grundlagen dient. Prägende Rituale und identitätsstiftende Narrative entstehen auch in sozialen Gefügen, die nichts mit der Familienbindung zu tun haben – was im Übrigen jeder weiß, der schon mal als Partner zu einer Klassenzusammenkunft mit eingeladen wurde und all die Witze und Gepflogenheiten nicht verstanden hat, die die ehemaligen Schulkameraden zum Besten geben. Die alte Frage, was uns letztlich mehr bestimmt: Veranlagung oder Erziehung, ›*nature*‹ oder ›*nurture*‹, ist nach wie vor unentschieden, und das Pendel schlägt in der wissenschaftlichen Debatte mal in die eine, mal in die andere Richtung aus. Das genetische Narrativ ist gewiss nicht unbedeutend, aber es ist nur eines unter anderen; eines, das hilfreich und wertvoll sein kann, aber weder hinreichend noch notwendig ist, um zu einer stabilen Identität zu gelangen und eine gesunde Persönlichkeit auszubilden.[7]

Auch der Umstand, dass Adoptivkinder sich oft auf die Suche nach ihren Eltern machen, ist kein Beleg dafür, dass diesen Kindern mit Blick auf ihre Identitätsfindung etwas fehlt. *Erstens* interessieren wir uns für viele Dinge im Leben, ohne dass diese für unsere Identität oder für unsere Selbstkenntnis bedeutsam wären. Möglicherweise gibt es Adoptivkinder, die ihre genetischen Eltern zumindest aus Neugier suchen. *Zweitens* aber dürften sich Adoptivkinder zum Teil auch auf die Suche nach ihrer Herkunft machen, weil ihnen von außen tragischerweise immer wieder das Gefühl vermittelt wird, defizitär zu sein, da sie nicht in einer ›blutsverwandten‹ Familie groß wurden. Wie bereits gesagt, ist die

Definition von Familie nicht wertfrei, sondern spiegelt ein normatives Ideal. Darüber, was die richtige und beste Familienkonstellation ist, wird entsprechend heftig gestritten. Und jene, die nicht einer ›normalen‹ Familie entstammen, werden nicht selten als bemitleidenswert betrachtet. Die Sehnsucht danach, über die eigene Herkunft Aufklärung zu erhalten, ist deshalb sicherlich zuweilen auch dem Wunsch geschuldet, sich eine ›normale Familienkonstellation‹ zusammenzusuchen.

Außerdem ist die Auseinandersetzung mit der eigenen Geschichte in den meisten Fällen durchaus von Ambivalenzen geprägt. Dafür gibt es mehrere Gründe. *Erstens* wollen wir in aller Regel Vater und Mutter nicht einfach kopieren, sondern es gehört zum Erwachsenwerden dazu, sich abzugrenzen. Derjenige oder diejenige zu werden, die wir eigentlich im Kern sind, indem wir unsere Wurzeln kappen und uns abgrenzen von dem, was uns vorgelebt und mitgegeben wurde, kann sogar als *das* Großprojekt der Moderne bezeichnet werden. Immanuel Kant rief in seinem Aufsatz *Was ist Aufklärung?*[8] dazu auf, sich seines eigenen Verstandes zu bedienen und sich seinen ureigenen Platz in der Gesellschaft zu suchen, »ohne Leitung eines anderen«. Ganz neu anzufangen und die Bedingtheit durch die eigene Herkunft zu überwinden, scheint die wahre Leistung der Selbstbestimmung zu sein.

Doch besteht die große Tragik darin, dass die totale Selbst- und Neuerschaffung gar nicht möglich ist, denn zumindest ein Stück weit bleiben wir stets Gefangene in unserer Geschichte. Die Macht der familiären Gewohnheit lässt sich eben nicht so einfach durchbrechen. Der Soziologe

Pierre Bourdieu hat diese Macht mit dem Begriff des »Habitus« beschrieben: Wir alle mögen zwar vor dem Gesetz gleich sein. Doch die Verhältnisse, in denen wir aufwachsen, machen uns zu Ungleichen. Denn sie prägen uns in einer Weise, dass wir sie nie wieder loswerden; sie stecken uns buchstäblich in den Knochen.[9] Dafür lassen sich viele Beispiele geben: Ernährungsgewohnheiten erlernen wir in unserer Kindheit und werden sie oft zeitlebens nicht mehr los; Vermögen wird heute in weitaus höherem Maße vererbt als erwirtschaftet; Bildungschancen hängen maßgeblich davon ab, welchen Bildungsgrad die eigenen Eltern haben. Weil der Habitus sich so hartnäckig in unser Wesen einbrennt, perpetuieren wir die familiären Macken, Traumata und Ängste stets von Neuem und geben sie an kommende Generationen weiter. Die ständige Wiederkehr des Verdrängten können wir durch die Psychoanalyse zwar auszubremsen versuchen; ganz entrinnen werden wir ihr aber nie, zumal sich gewisse traumatische Erfahrungen und Ängste sogar weitervererben können.[10] Wir können also noch so sehr unsere Herkunft verleugnen, bekämpfen, verdrängen; ihre machtvolle Bedeutung verliert sie deshalb nicht. Eltern sind nämlich, wie der Schriftsteller Peter Weiss sie nannte, die »Portalfiguren« unseres Lebens.[11] An ihnen kommen wir nicht vorbei, und auch wenn wir das Portal durchschritten haben, bleiben sie als Säulen für immer an unserem Lebensanfang stehen.

Genau weil dem so ist, können die Bedeutung und die Analyse der Familiengeschichte auch zur Obsession werden. Damit sind wir nun aber bei einem *zweiten* Grund, weshalb die Auseinandersetzung mit der eigenen Familiengeschichte durchaus ambivalent ausfallen kann. Wer eine unglückliche

Familiengeschichte hat oder an den eigenen Eltern Züge entdeckt, die ihn irritieren, kann sich nämlich sogar regelrecht davor fürchten, diese negative Geschichte fortzuschreiben. Zuweilen sprechen wir in diesem Sinne von einem ›Familienfluch‹, der auf einer Familie lastet. Wie schwierig es sein kann, sich von der eigenen Familiengeschichte zu lösen, erzählt der Zürcher Journalist Sacha Batthyany in seinem Buch *Und was hat das mit mir zu tun?*.[12] Als ihm eine Redaktionskollegin einen Artikel mit dem Titel »Die Gastgeberin der Hölle« auf den Tisch legt, beginnt er seine Familiengeschichte aufzuarbeiten. Der Artikel handelt von der Gräfin Margit von Batthyány-Thyssen, seiner Großtante. Im März 1945 gab die schwerreiche Thyssen-Erbin ein Fest auf ihrem Schloss im österreichischen Rechnitz. Im Laufe des Abends verließen einige der Gäste die Feier, um zum Zeitvertreib 180 jüdische Zwangsarbeiter zu erschießen. Ihr Grab wurde bis heute nicht gefunden. Batthyany beginnt nachzuforschen, befragt seine Verwandten, fährt nach Rechnitz. Von Margits direkter Beteiligung am Massaker weiß niemand etwas, von ihrer nazifreundlichen Gesinnung hingegen schon. Durch die Arbeit an seinem Buch sei ihm klar geworden, dass es für eine Familie einfacher sei, über sich zu reden, wenn man sich selbst zu den Opfern zählen könne, sagt Batthyany. Das eigene Täter-Sein zu thematisieren, sei hingegen viel schwieriger.[13] Und er stellt fest: Wie sehr man auch an sich arbeitet und sich sträubt: Die eigene Familie wird man nicht los. Das gilt besonders für die Kinder der Kriegsgeneration, aber – wie die neueste Literatur zeigt – selbst noch für die Enkelgeneration, die weiterhin spürt, dass die Generationen vor ihr mit ihrer Geschichte hadern. So schreibt etwa Sabine Bode in ihrem Buch *Die vergessene Generation*: »Es fehlte die

Wahrnehmung dafür, dass es für die Kleineren weit schwerer war, mit einer Kette von furchtbaren Erlebnissen fertigzuwerden, weil die überforderten Erwachsenen nicht die Sicherheit und Nestwärme geben konnten, die Kleinkinder für den Aufbau ihrer psychischen Stabilität brauchen.«[14] Solche »Ketten von furchtbaren Ereignissen« können sich wie Schlingen um nachfolgende Generationen ziehen.

Familie hat also etwas unfassbar Wirkmächtiges, das sich nicht so einfach abstreifen lässt. Wenn gilt: »Blut ist dicker als Wasser«, dann ist das dementsprechend nicht immer eine Verheißung, sondern zuweilen auch ein Verdikt, und zwar eines, dem wir lebenslang zu entrinnen versuchen, und an dem wir immer von Neuem scheitern. Um seine Wirkung zu entfalten, muss man sich seinem ›Clan‹ im Übrigen nicht einmal zugehörig *fühlen*. Oftmals wird einem die Zugehörigkeit von außen ohnehin zugeschrieben, ob man möchte oder nicht. Die Aussage »Der Apfel fällt nicht weit vom Stamm« trifft kaum jemand als Selbstzuschreibung. Vielmehr verwenden Außenstehende sie, um Familienähnlichkeiten zu behaupten und einander in Sippenhaft zu nehmen und verantwortlich zu machen für die Geschichte der Verwandten. Familienbande sind deshalb nicht nur in hohem Maße identitätsstiftend für uns, sie machen uns auch verletzlich, etwa bei Fremdzuschreibungen und Zugehörigkeiten, die man nicht so einfach abstreifen kann. Diese spezifische familiäre Verletzlichkeit ist Thema des nächsten Kapitels.

Wir können festhalten: Das Wissen um die eigene Herkunft ist wichtig für uns – es kann aber auch verstörende Momente und belastende Elemente bergen. Nicht alles, was von Bedeutung ist in unserem Leben, macht uns auch unmittelbar glücklich. Doch aufgrund der Wirkmächtigkeit der eigenen Abstammung haben Eltern die Pflicht, ihren Kindern diesbezüglich reinen Wein einzuschenken, erst recht wenn diese um entsprechende Information bitten. Was aber folgt aus der Bedeutung der familiären Herkunft für unser Selbstverständnis und unsere Ausgangsfrage? Haben wir aufgrund des Umstands, dass wir jemandes Kind sind im Sinne eines verwandtschaftlichen Verhältnisses, auch eine spezielle Verantwortung für sie oder ihn?

Einige halten bereits diese Frage für falsch gestellt. Denn zu behaupten, etwas sei für uns identitätsstiftend, heißt ihrer Ansicht zufolge immer schon, dass wir dadurch auch moralisch gebunden sind. Damit ist gemeint, dass bereits die Idee einer Identität – von dem, was wir sind und was uns im Kern ausmacht – nicht zu trennen ist von der Idee einer spezifischen Verpflichtung durch ihre Bindungen. Ein Feuerwehrmann zu sein, heißt eben nichts anderes, als bei einem Brand auszurücken; eine Patin zu sein, bedeutet gerade, sich speziell um sein Patenkind zu kümmern. Und Sohn oder Tochter zu sein, würde dann entsprechend heißen, seinen Eltern speziell verpflichtet zu sein.

Nun ist jedoch leicht einzusehen, dass eine solche Konzeptualisierung von filialen Pflichten quer steht zur voluntaristischen Vorstellung, der wir bereits in den vorangehenden Kapiteln begegneten: Der Voluntarismus behauptet, verpflichtend sei nur, was wir entweder allen Menschen schulden aufgrund ihrer Würde, ihrer Interessen oder ihrer natürlichen Rechte, oder aber was wir spezifischen Personen in einem freien Akt versprochen oder zugesichert haben. Genau das hat ja die Patin getan und ebenso der Feuerwehrmann, der seine Pflichten im Rahmen eines beruflichen Engagements ausführt. Doch ist diese Idee des Voluntarismus eben nicht unumstritten, und einer der Kritikpunkte setzt beim Menschenbild an, das ihm zugrunde liege: Der Voluntarismus gehe zu Unrecht von einem amputierten Personenverständnis aus, das den Menschen als frei flottierendes Individuum denke, das sich nach Belieben binden und wieder lösen könne, wann immer ihm danach der Sinn stehe. Diese Konzeption des Menschen sei jedoch viel zu atomistisch. Sie gipfle in Thomas Hobbes' Bild vom Menschen, der als solitärer Pilz aus dem Boden schieße,[15] und negiere – so die Kritik – dass wir auf Beziehungen mit anderen Menschen in hohem Maße angewiesen seien. Und zwar nicht nur, um überhaupt zu überleben, sondern auch, um uns zu jenen eigenständigen Persönlichkeiten und moralischen Wesen entwickeln zu können, die hernach selbstbestimmt ihre Wahl treffen und moralisch handeln können.

Tatsächlich sind es in erster Linie unsere sozialen Beziehungen, in denen wir als Kinder überhaupt erst einen Begriff von Moral entwickeln und verinnerlichen. Wir müssen verstehen lernen, dass andere Menschen auch ihre legitimen Bedürfnisse haben und dass wir nur als rücksichtsvolle Personen jene Achtung erlangen, auf die wir als Mitglieder einer Gemeinschaft angewiesen sind. Autonome Persönlichkeiten werden wir wiederum nur in Auseinandersetzung mit und in Abgrenzung von anderen Personen: Um eine selbstbestimmte Meinung und Lebensweise zu entwickeln, muss ich erfahren und verstehen, dass es überhaupt andere Personen gibt, andere Lebensentwürfe, andere Vorstellungen von Glück. Der britische Schriftsteller John Donne hatte deshalb natürlich recht, als er im 17. Jahrhundert schrieb: »No man is an island«[16]. Der Gemeinschaft im Großen und unseren Freunden und Familien im Kleinen kommt deshalb sowohl hinsichtlich unserer moralischen Orientierung als auch hinsichtlich unserer personalen Identität immense Bedeutung zu.[17] Der Mensch ist, anders gesagt, eben gerade kein solitärer Pilz, sondern, wie der amerikanische Philosoph Michael Sandel schreibt, ein »eingebettetes Selbst«[18], das von dem, was es hat werden lassen, wer und was es ist, nicht mehr abstrahieren kann. Sandel meint deshalb, eine Person sei nie gänzlich frei, selbst zu entscheiden, wem sie verbindlich begegnen und für wen sie Verantwortung übernehmen wolle. Denn Personen könnten letztlich nicht unabhängig von ihren Beziehungen verstanden werden, die immer auch reich an moralischen Normen und Werten seien. Diese Idee brachte die britische Schriftstellerin und Philosophin Iris Murdoch sehr schön zum Ausdruck, als sie schrieb: »Man schaut nicht einfach hin und wählt etwas und schaut, wo man hingehen könnte, man steckt immer schon bis zum Hals in seinem Leben, oder ich zumindest.«[19]

Insofern ist vielleicht schon die Ausgangsfrage dieses Buches falsch gestellt: Wir müssen uns womöglich gar nicht fragen, ob Kinder ihren Eltern etwas schulden, da in der Idee von ›Kindschaft‹ eine solche spezielle filiale Verantwortung bereits mit drinsteckt. Das liberale Bild des Individuums, das – etwas überspitzt formuliert – seine Zwecke und Ziele stets selbst wählen kann und das nur Verpflichtungen hat, die aus seinen freien Entscheidungen resultieren, schätzt dieser Kritik zufolge den sozialen Aspekt unserer Identität allzu gering: Es ignoriert, dass wir immer schon Gebundene sind und »bis zum Hals im Leben stecken«.[20] Freund, Tochter oder Vater zu sein, heißt eben nichts anderes, als spezielle Pflichten zu haben und ihnen auch nach bestem Dafürhalten nachzukommen. Letztlich ist es wie in einer berühmt gewordenen Rede von David Foster Wallace vor College-Absolventen, in der zwei junge Fische von einem älteren vorbeischwimmenden Fisch gefragt werden: »Morgen, Jungs. Wie ist das Wasser?«, und die wortlos weiterschwimmen, bis der eine den anderen etwas ratlos fragt: »Was zum Teufel ist Wasser?«[21] Es gibt Dinge, die so offensichtlich sind und so sehr zu uns und unserer Lebenswelt gehören, dass wir uns ihrer gar nicht mehr bewusst sind. Familiäre Beziehungen mit ihren normativen Implikationen gehören dazu. Das macht auch verständlich, weshalb wir die Entschuldigung, »wegen familiären Pflichten verhindert« gewesen zu sein, meist ohne jedes Zögern akzeptieren. Dass Familie vorgeht, ist einfach unmittelbar klar; dies in Frage zu ziehen, scheint nahezulegen, dass man nicht verstanden hat, was Familie ist.[22] Barack Obama bedankte sich 2016 in seiner Abschiedsrede in Chicago bei seiner Frau Michelle auch dafür, dass sie ihm beigestanden habe und als Präsidentengattin ihren Pflichten so hervorragend nachgekommen sei. *»You took on a role you didn't ask for«*, du hast eine Rolle übernommen, um die du nicht gebeten hast, sagte Obama – und genau deshalb gebühre seiner Frau Anerkennung.[23] Gewisse Dinge sind eben einfach, wie sie sind, und wir haben uns zu ihnen nicht zu *verhalten*, sondern uns nach ihnen zu *richten*.

So überzeugend das nun alles klingen mag – es bleibt in zwei Hinsichten doch unbefriedigend. Die *eine* Irritation betrifft den Umstand, dass die Pflichtbegründung in diesem Bild einem Zirkelschluss gleichzukommen scheint: Wir haben offenbar Pflichten, weil wir Personen sind, die Pflichten haben – eine Aussage, die inhaltsleer wirkt. Außerdem können wir uns natürlich zu den Rollen und Verantwortlichkeiten, die wir haben, verhalten, und genau das ist dann auch die Pointe der Rede von Foster Wallace, die dazu ermuntert, Standardeinstellungen zu hinterfragen und selbst zu denken. Michelle Obama bewundern wir ja gerade dafür, dass sie ausführte, was ihr von außen auferlegt wurde, da sie natürlich auch *anders* hätte handeln können (wie es uns die jüngste US-amerikanische Präsidentengattin ja auch demonstriert). Würden wir alle institutionalisierten Praktiken unhinterfragt weitertreiben mit der Begründung, dass sich diese Praxis eben so etabliert habe, wäre dies der endgültige Kniefall vor dem Status quo, der doch auch diskriminierende und schädigende Züge tragen kann. Vielmehr gehört es zum Erwachsenwerden dazu, eigene Pläne und Ziele sorgfältig abzuwägen vor dem Hintergrund unserer Bindungen, Lebenserfahrungen und Werthaltungen, die wir kritisch prüfen dürfen und sollen.

Das heißt auch, dass wir aus beengenden Verhältnissen ausbrechen dürfen. Und dass wir nicht alles, was unsere Familie von uns erwartet, ohne Murren zu erfüllen haben. Familie ist eben nicht nur im positiven Sinn eine Stütze zur Identitätsfindung und ein Hort des Aufgehobenseins, sondern oft auch ein Ort der Rückbindung, welche als Zwang und Gefährdung empfunden werden kann. Zugegeben, kommunitaristisch inspirierte Autoren wie Michael Sandel oder Charles Taylor, die den Wert der Gemeinschaft für unser Wohlergehen und für unsere Identität betonen und sich gegen eine Verabsolutierung des Individualismus wenden, müssen das auch gar nicht negieren. Sie können durchaus zugestehen, dass Selbstbestimmung und das Einüben in sie von zentraler Bedeutung für unser Leben sind. Sie bestreiten lediglich, dass wir das eigene Leben sozusagen am Reißbrett auf leerem Papier entwerfen. Kinder, so die Natalitätsphilosophie von Hannah Arendt, sind zwar Anfänge, und zwar solche, die aus sich selbst etwas Neues anfangen und erschaffen können. Aber zugleich sind sie immer »angefangene Anfänge«, die mit ihrem Leben an das anknüpfen, was sie umgibt und in das sie hineingeboren werden.[24]

Doch auch wenn die Denkrichtung des Kommunitarismus zugesteht, dass sich Selbstbestimmung und Gemeinsinn zwar gegenseitig bedingen, jedoch auch in Konflikt geraten können, bleibt die Kernfrage bestehen, wie sich aus dieser Beschreibung etwas Normatives gewinnen ließe. Anders gesagt: Es hat natürlich seine Richtigkeit, darauf hinzuweisen, dass wir, wie man so schön sagt, ›Beziehungswesen‹ sind und dass unsere Identität und selbst unsere Autonomie massiv von den Beziehungsgeflechten abhängen, in denen wir stecken. Doch weshalb genau sollte ich verpflichtet sein, mich um diese Beziehungen auch zu kümmern? Ich bin beispielsweise Schweizerin, und wenn man mich fragt, wer ich sei und woher ich komme, würde ich vermutlich – zumindest im Ausland – irgendwann auch meine Staatsbürgerschaft erwähnen. Doch folgt daraus mitnichten, dass ich meinen Landsleuten oder meiner Heimat in einem starken Sinn verpflichtet wäre. Würde ich stets schlecht über die Schweiz reden und keine Anstalten machen, meinen Landsleuten zu helfen, wenn sie sich im Ausland an mich wenden, würde man mich vielleicht fragen, ob mir an meiner Schweizer Identität gar nicht liege. Doch einen Vorwurf machen dafür, dass ich nicht entsprechend handle (und womöglich nicht einmal empfinde), könnte man mir nur, wenn ich weiterhin die Annehmlichkeiten genießen wollte, die mit meiner Zugehörigkeit einhergehen. Ganz ähnlich in der Familie: Söhnen und Töchtern, die ihre Eltern ausgiebig als Babysitter einspannen oder die elterliche Wohnung als ›Hotel Mama‹ inklusive Waschsalon nutzen, steht es natürlich schlecht an, gleichzeitig über die Eltern zu schimpfen. Doch die Gründe, die sie haben, sich um die Belange ihrer Eltern zu kümmern, rühren nicht aus der Verwandtschaft und dem geteilten Blut, sondern aus der bestehenden Beziehung. Liegt Kindern wie Eltern an dieser, werden sie sie sorgsam pflegen und sich verpflichtet sehen, sich umeinander zu bemühen, weil sie sich wichtig sind. Doch bröckelt die Beziehung und ist das Einvernehmen schlecht, dann generiert der alleinige Umstand der Verwandtschaft keine filiale Pflicht.

Nichtsdestotrotz dürfte deutlich geworden sein, dass uns Familie ganz unabhängig von deren Bewertung in hohem Maß prägt. Hat die Bindung an die eigene Geschichte und an die Protagonisten dieser Geschichte nichts Zerstörerisches an sich, dann kann Familie gerade aufgrund des Hallraums unserer Identität, den sie eröffnet, von unvergleichbarem Wert sein. Weil wir ein Stück weit Familie nicht nur haben, sondern immer auch *sind*, ist es sicher wenig ratsam, diese Bande leichtfertig aufs Spiel zu setzen respektive sie in einer Weise zu vernachlässigen oder so zu torpedieren, dass der Kontakt abbricht. Wie Tina Solimann in ihrem Buch *Funkstille*[25] darlegt, leiden unter einem Kontaktabbruch entsprechend oft sowohl jene, die gehen, als auch jene, die zurückbleiben. Abgesehen davon, dass ja gleichsam ein Teil unserer eigenen Persönlichkeit wegbricht, wenn wir uns ganz von unserer Herkunftsfamilie lossagen, wird uns ein solcher Totalabbruch auch nie ganz gelingen. Denn ein Stück weit bleiben wir stets ineinander verhakt, weil die Familienbindung selbst gar nicht kündbar ist.

Wir werden im nächsten Kapitel sehen, weshalb insbesondere die Familienbeziehung mit einer ganz spezifischen Verletzlichkeit von Eltern und Kindern einhergeht, die sich durch einen Abbruch in den allerwenigsten Fällen in gelassene Gleichgültigkeit wandeln lässt. Genau aus diesem Grund tun Kinder gut daran, zu versuchen, ihre Beziehung zu ihren Eltern aufrechtzuerhalten – solange ihnen die Eltern die Möglichkeit lassen, ein eigenes Leben aufzubauen und zu führen. Dazu *verpflichtet* sind Kinder jedoch nicht. Denn auch wenn der Blick auf unser Wohl und auf die umfassende Idee eines guten Lebens uns durchaus Grund gibt, eine möglichst intakte Bindung zu den Eltern zu pflegen, so folgen aus diesen Überlegungen keine moralischen Gründe in einem verpflichtenden Sinn. Einer erfüllenden beruflichen Tätigkeit nachzugehen, Freundschaften zu pflegen, ästhetische Erfahrungen zu machen in Konzerten, in der Natur oder in Museen sind sicher alles Dinge, die zu einem guten Leben beitragen – verlangt sind sie deshalb noch lange nicht von uns. Wir können also Personen, die ihre verwandtschaftliche Beziehung zu ihren Kindern oder Eltern leichtfertig aufs Spiel setzen, mit Blick auf ihr Lebensglück warnen und an ihre praktische Vernunft appellieren. Eine moralische Pflicht verletzen sie jedoch nicht.

6 VERLETZLICHKEIT

»Sowie man sein Elternhaus betritt, begibt man sich mitten in die vertraute Familienszenerie hinein. Die Rollenverteilung ist unverändert, die Stichwörter liegen bereit, die unterschwellig schwelenden Spannungen, Geheimnisse und unausgesprochenen Vorwürfe flammen auf und beweisen ihre nicht zu erstickende Macht.«
CONNIE PALMEN[1]

»Das Vertrauen muss länger währen als die Liebe. Denn wenn wir lieben, vertrauen wir der geliebten Person uns wertvolle Dinge an. Das ermächtigt sie auf unbestimmte Zeit, uns zu schaden.«
ANNETTE BAIER[2]

In Navid Kermanis Roman *Sozusagen Paris* offenbart die ehemalige Schulfreundin Jutta dem Erzähler, dass es ihr im Rückblick leidtue, ihre Eltern nicht über ihre bevorstehende Heirat informiert zu haben. Sie sagt, sie schäme sich, »ihre Eltern übergangen, ihnen die Sorgen, die Fragen, die Unsicherheit zugemutet zu haben, wer der Mann ihrer Tochter ist, dazu das Gerede im Dorf, dem die Eltern ausgesetzt waren«. – »Aber es ist doch deine Hochzeit gewesen, nicht ihre«, erwidert der Erzähler, »dein Leben, nicht ihres.« Und Jutta darauf: »Genau so habe ich damals gedacht. Genau so, mit diesen Worten: mein Leben, nicht ihres.« – »Ja, und?« – »Was für ein Scheiß.«[3]

Der »Scheiß«, von dem Jutta hier spricht, ist dem Umstand geschuldet, dass sie sich als Tochter zu Unrecht frei wähnte, zu tun und zu lassen, was sie wollte. Im Nachhinein wird ihr bewusst, dass sie ihre Eltern mit ihrem Verhalten tief gekränkt und in eine ungute Situation gebracht hat. Tatsächlich sind diejenigen Menschen, mit denen wir eng verbunden sind, von unseren Entscheidungen und Verhaltensweisen zuweilen gravierend tangiert. Tiefe Beziehungen machen uns deshalb nicht nur stark und froh, sondern als stete Kehrseite des Glücks auch speziell verletzlich: Jene, die wir lieben, können uns nicht nur außergewöhnlich gut bestärken und aufheitern, sondern uns auch beschämen, ausnutzen, betrügen. Eltern kann es beispielsweise tief kränken, wenn ihre Kinder sich nicht mehr für sie interessieren und regelmäßig nach ihnen fragen. Zerren Kinder Familiengeheimnisse ans Tageslicht, kann sie das in Bedrängnis bringen; verstoßen sie gegen grundlegende Werte, die in den elterlichen Kreisen immer hochgehalten wurden, kann das Eltern beschämen. Und Eltern, deren Kinder den Kontakt abbrechen, fühlen sich oft tief verletzt und missverstanden. Auf der Website der Selbsthilfegruppe »Verlassene Eltern« beispielsweise erzählen Mütter und Väter von der Verstörung, die ein Kontaktabbruch auslösen kann: »Es tut immer weh. Es gibt keinen Tag, an dem wir nicht an unseren Sohn denken und ihn unendlich vermissen«, schildert eine Betroffene. »Wir wollten für Roman doch immer nur das Beste.«[4] Eltern fragen sich in solchen Situationen verzweifelt, warum das eigene Kind sich abwendet und die gemeinsam verbrachte Zeit nicht mehr wertschätzt. Haben Kinder dennoch das Recht, auf ihre Freiheit zu pochen und ihr eigenes Leben so zu gestalten, wie es ihnen beliebt? Oder folgen aus der spezifischen Verletzlichkeit der Eltern Pflichten auf Seiten der Kinder, die Anliegen der Eltern speziell zu berücksichtigen und bei den eigenen Entscheidungen auf ihre Interessen besonders Rücksicht zu nehmen?

Mit diesen Fragen wende ich mich einem letzten Vorschlag zu, der mir zur Begründung einer filialen Pflicht am aussichtsreichsten scheint. Denn bis zu dieser Stelle haben wir noch keine filialen Pflichten ausgemacht, die zeigen könnten, dass Eltern allein aufgrund ihrer Elternschaft berechtigte Ansprüche an ihren Nachwuchs hätten. Ich habe in den letzten Kapiteln verschiedene Vorschläge geprüft, wie eine solche spezielle Verpflichtung zu untermauern wäre. Alle diese Vorschläge verleihen bestimmten berechtigten Anliegen auf unterschiedliche Weisen Ausdruck – etwa, dass es angemessen scheint, wenn sich Kinder dankbar zeigen, die sich durch ihre Eltern reich beschenkt fühlen; oder dass viele ihre familiäre Herkunft als so bedeutsam für ihr Leben und ihre Identität erachten, dass für sie selbstverständlich scheint, sich speziell um ihre Familienmitglieder zu kümmern; oder dass es Kinder gibt, die sich ihren Eltern freundschaftlich verbunden fühlen und sich aus diesem Grund gebunden sehen, sich ihnen auch besonders zuzuwenden. Dennoch vermochte bis jetzt keiner der Vorschläge zu zeigen, dass Kinder ihren Eltern allein aufgrund des Umstands, dass sie deren Kinder sind, auch etwas schuldig bleiben.

Dieses bisherige Resultat ist nicht unerheblich. Denn Pflichten bemühen wir für gewöhnlich in Kontexten, in denen etwas Gewichtiges geschützt werden soll, und zwar kategorisch, also jenseits unserer persönlichen Neigungen – und etwas so Gewichtiges scheint die Familienbeziehung für uns alle ja durchaus zu sein. Das hat auch das letzte Kapitel gezeigt, das die Bedeutung der eigenen Herkunft und Familiengeschichte für ein geklärtes Selbstverständnis herausgestrichen hat. Filiale Pflichten abzulehnen, heißt dagegen, Kinder, die das elterliche Nest verlassen, ganz in die Freiheit zu entlassen, und zwar auch hinsichtlich der Frage, wie sie ihre Beziehung zu ihren Eltern leben möchten. Selbstredend bedeutet diese Freiheit nicht, dass Kinder mit ihren Eltern umspringen könnten, wie ihnen beliebt, das wurde auch an keiner Stelle dieses Buches behauptet. Eltern sind und bleiben natürlich jenseits ihres Elterndaseins auch und in erster Linie Personen, die Teil der moralischen Gemeinschaft sind, und als solche zollen wir ihnen auch Respekt. Wir dürfen sie also beispielsweise nicht mutwillig verletzen, verleumden oder ihnen Nothilfe versagen. Doch zu spezieller moralischer Aufmerksamkeit verpflichtet sind Kinder dem gegenwärtigen Stand der Dinge nach ihren Eltern nicht.

Möglicherweise aber ändert die Verletzlichkeit, mit der die spezielle Beziehung zwischen Eltern und ihren Kindern einhergeht, etwas an diesem Befund. Bevor ich dieser Frage auf den Grund gehe, gilt es zu klären, was ich mit Verletzlichkeit überhaupt meine. Denn verletzlich sind wir Menschen ja auch unabhängig von den Bindungen, in denen wir stehen. Wie bereits gesagt, sind Menschen keine autarken Individuen, die als solitäre Inseln oder – in Anlehnung an Thomas Hobbes – gesonderte Pilze existieren würden. Vielmehr sind wir alle verletzliche Kreaturen, die existentiell aufeinander angewiesen sind: Wir sind sterblich, können erkranken und sind auch emotional voneinander abhängig. Wir brauchen folglich allein schon aufgrund unserer natürlichen Ausstattung, also aufgrund unserer *ontologischen Bedürftigkeit*, Schutz und Fürsorge, aber auch Bestätigung und Zärtlichkeit.[5] Darüber hinaus sind wir *sozial* vulnerabel: Wir können aufgrund bestimmter Eigenschaften und entsprechender gesellschaftlicher Normierungen und Institutionen unterdrückt oder ausgegrenzt werden. Sozioökonomisch schlechter Gestellte sterben beispielsweise in vielen Gesellschaften früher, und Kinder, die in armutsbetroffene Familien hineingeboren werden, haben ein eklatant höheres Risiko, selbst in die Armutsfalle zu tappen, als Kinder, die in gut situierten Familien aufwachsen. Diese beiden Konzepte der Verletzlichkeit – *ontologisch* und *sozial* – weisen aus, dass wir den Menschen nicht vorrangig oder gar ausschließlich als frei und unabhängig, sondern auch als verletzlich denken müssen, wenn wir fragen, an welchen Grundfesten sich moralisches Handeln generell orientieren soll.

Für die Frage jedoch, wozu Personen in Familienbeziehungen verpflichtet sind, steht darüber hinaus ein dritter Begriff der Verletzlichkeit im Vordergrund. Er ist *relational*, also beziehungsbasiert: In jeder liebenden Bindung gilt nämlich, wie bereits gesehen, dass emotionale Nähe und echte Geborgenheit nicht zu haben sind, ohne sich preiszugeben, sich zu verschenken, sich gegenseitig zu vertrauen. Diese Preisgabe ist dabei immer auch riskant, weil sie enttäuscht, ausgenutzt und missbraucht werden kann. *Relationale Verletzlichkeit* ergibt sich also notwendigerweise im Rahmen und in Abhängigkeit von Verbundenheit und gegenseitigem Vertrauen; sie ist die natürliche Kehrseite von Freundschaft, Intimität und Liebe. Relationale Verletzlichkeit ist also, genau genommen, eine spezifische Anfälligkeit für Trauer, Scham, Demütigung und andere negative Erfahrungen, die sich einstellt als Kehrseite der Nähe, die man mit jemandem teilt.

Nicht zuletzt wegen dieser Verletzlichkeit, die intime Beziehungen stets begleitet, gibt es sicherlich Personen, die entsprechende Bindungen weitgehend vermeiden. Anders als bezüglich der ontologischen und sozialen Verletzlichkeit sind wir mit Blick auf die relationale Verletzlichkeit bis zu einem gewissen Grad tatsächlich frei zu entscheiden, wie nahe wir andere Menschen an uns heranlassen und wie sehr wir damit die Gefährdung auf uns nehmen, irgendwann von ihnen verletzt zu werden. Doch zum einen wäre das Leben ohne Freunde und Liebe einsam und trostlos, sodass Aristoteles sogar schreibt: »Ohne Freunde würde keiner leben wollen, und hätte er selbst alle anderen Güter.«[6] Schon darum nehmen die Allermeisten relationale Verletzlichkeit in Kauf. Zum anderen haben wir im Kontext der Familie gar nicht viel Spielraum, ob wir die entsprechende Verletzlichkeit als Kehrseite von Intimität und Vertrauen ›einkaufen‹ und zulassen wollen: Kinder haben in aller Regel keine andere Wahl, als ihre Eltern zu lieben und ihnen zu vertrauen. Kleinkinder tun dies selbst dann, wenn sie keinen objektiven Grund dazu haben, etwa weil die Eltern gar nicht in der Lage oder willens sind, sich angemessen um sie zu sorgen, sondern sie vernachlässigen oder sogar quälen. Und auch die allermeisten Eltern fühlen sich ihren Kindern – glücklicherweise – in tiefer Liebe verbunden. Tun sie das nicht, sollten sie zumindest versuchen, das entsprechende Gefühl zu kultivieren, denn unmündige Kinder sind auf die elterliche Liebe vital angewiesen und haben deshalb einen Anspruch auf Eltern, die sich ihnen liebevoll zuwenden.[7] Insofern als es sich bei der Eltern-Kind-Beziehung also zumindest ihrem Ursprung nach um eine intime, persönliche Beziehung handelt, geht sie auch mit relationaler, also beziehungsbasierter Verletzlichkeit einher.

Die jede persönliche Beziehung prägende relationale Verletzlichkeit ist im Fall der Eltern-Kind-Beziehung nun aber speziell akzentuiert. Denn diese Beziehung verfügt über spezifische Eigenschaften, die sie von anderen persönlichen Beziehungen unterscheidet. Auf diese Spezifika sind wir bereits vielfach gestoßen. *Erstens* ist die Beziehung *unkündbar*: Zumindest in formaler Hinsicht lässt sie sich nicht beenden, und es ist deshalb doppelt schwer, übereinander hinwegzukommen und die Verletzlichkeit zu überwinden. Natürlich können Kinder den Kontakt zu ihren Eltern abbrechen und Eltern ihre Kinder verstoßen. Dennoch bleibt das Kind bis zu seinem Tod Tochter oder Sohn dieser spezifischen Eltern und bleiben Eltern bis zu ihrem Tod dessen Mutter oder Vater. Deshalb gibt es, wie gesagt, zwar Exfreunde, Exfrauen,

Expartner, aber eben keinen Exvater, keine Exschwester oder Extochter. *Zweitens* ist die Eltern-Kind-Beziehung *unersetzbar:* Wenn ein Sohn den Kontakt zu seinem Vater abbricht, kann der Vater nicht einen neuen Sohn finden. Dies gilt zwar bis zu einem gewissen Grad für alle tieferen persönlichen Beziehungen: Liebespartner hoffen beispielsweise ebenfalls, dass sie einander nicht als ersetzbar ansehen, und auch langjährige gute Freunde teilen vermutlich das Gefühl, in einer Weise verstanden zu werden, wie sie nie wieder von einer anderen Person verstanden werden. In einer gewissen Weise ist also Exklusivität fast so etwas wie das ›Markenzeichen‹ einer wirklich guten Beziehung. Dennoch ist es selbstverständlich formal möglich und unter Umständen auch inhaltlich angemessen, eine verlassene Freundin zu trösten mit den Worten: »Sei nicht zu traurig, er war sowieso nicht der Richtige für dich, und früher oder später wirst du dich wieder verlieben und jemanden finden, der besser zu dir passt.« Es wäre aber vollkommen unangebracht, Ähnliches zu Eltern zu sagen, die von ihrer Tochter verlassen wurden, oder zu einem Freund, dessen Vater verstorben ist. Ist man erst einmal erwachsen, kann man eben nicht noch einmal neu anfangen mit der Familienbeziehung, und das macht sämtliche an der Beziehung Beteiligten auf spezielle Weise verletzlich.

Wir alle nehmen also eine besondere relationale Verletzlichkeit mit auf den Weg in das Erwachsenenleben; und das allein aufgrund des Umstands, dass wir Sohn, dass wir Tochter sind. Folgt nun aus dieser speziellen Verletzlichkeit eine filiale Pflicht – also eine Begründung, weshalb Kinder sich speziell um die Anliegen ihrer Eltern kümmern müssten? Das ist eine Frage, die sich natürlich auch mit Blick auf die Eltern stellen lässt. Insofern als die Verletzlichkeit, um die es mir hier geht, ja eine geteilte ist – also eine, die beide an der Beziehung Beteiligten betrifft –, sind selbstredend auch Kinder gegenüber ihren Eltern verletzlich. Haben Kinder deshalb auch über die Phase der Kindheit hinaus berechtigte Ansprüche an ihre Eltern? Dürfen Eltern beispielsweise ihren Sohn aus dem ›Hotel Mama‹ katapultieren, wenn er der Kinderstube eigentlich entwachsen ist, aber keinerlei Anstalten macht, sein Leben selbst in die Hand zu nehmen? Dürfen sie sich nach ihrer Pensionierung erstmal eine Weltreise gönnen, während die eigene Tochter gerade in einem Scheidungskrieg steckt und mit ihren Kindern mehr als überfordert ist? Dass Eltern ihrem Nachwuchs während dessen Kindheit vieles schulden, ist klar; die entsprechenden Pflichten haben sie mit der Anerkennung ihrer Elternschaft übernommen. Sind die Eltern aber, wenn das Kind erst einmal erwachsen ist, gänzlich frei? Diese Frage ist mehr als berechtigt, geht aber über den Rahmen dieses Buches hinaus, das sich auf die filialen Pflichten konzentriert – und in Bezug auf diese sind wir genau jetzt an einem zentralen Punkt angekommen.

Denn, halten wir fest: Relationale Verletzlichkeit begleitet sozusagen als Hintergrundgeräusch jede intime Beziehung und die Familienbeziehung in spezifischer Weise. Damit ist noch nicht geklärt, wozu diese relationale Verletzlichkeit genau verpflichtet. Um diese Frage zu beantworten, müssen wir zuerst genauer nachvollziehen, worin genau die behauptete Verletzlichkeit besteht. Beziehungen haben ja viele unterschiedliche Facetten, die Intimität, Vertrauen und Zusammengehörigkeit stiften, und jede Facette hat mit anderen Dimensionen von Verletzlichkeit zu tun. Ich unterscheide im Folgenden drei davon: projektbasierte Verletzlichkeit, identitätsbasierte Verletzlichkeit und intimitätsbasierte Verletzlichkeit. Alle drei Dimensionen greifen ineinander und prägen jede Beziehung auf jeweils spezifische Weise.

Die *erste Facette*, die *projektbasierte Verletzlichkeit*, ist dem Umstand geschuldet, dass Beziehungen oft (wenn auch nicht zwingend) mit geteilten Projekten einhergehen, die die Beteiligten gemeinsam verfolgen: Vielleicht spielen sie regelmäßig zusammen Tennis, fahren gemeinsam in den Urlaub oder treffen sich immer montags auf ein Bier. Intime Beziehungen bestehen ganz wesentlich aus Gewohnheiten und Ritualen, an die sich beide Seiten mehr oder minder verlässlich halten und über die die Beziehung oft sogar definiert wird: Das sind die Freunde, mit denen wir immer Karten spielen; das ist die Freundin, mit der ich meine Leidenschaft für Musik teile. Liebespaare, die sich trennen, geben entsprechend oft als Grund für die Trennung an, sie hätten »nichts mehr geteilt« – ein untrügliches Zeichen dafür, dass es mit einer Beziehung zu Ende geht. Weil persönliche Beziehungen also unter anderem darin bestehen, dass Gewohnheiten geteilt und ihnen mehr oder weniger verlässlich nachgegangen wird, sind Freunde auch verletzlich in ihren diesbezüglichen Erwartungen. Doch haben sie aufgrund dieser Erwartungen auch Pflichten?

Dazu müssen wir unterscheiden zwischen wirklichen Abmachungen und Gewohnheiten, die über die Zeit hinweg ohne eigentlichen Entschluss entstehen. Treffen Freunde eine Abmachung oder schmieden gemeinsam einen Plan – etwa, eine Reise zu unternehmen, gemeinsam eine Weiterbildung anzufangen, zusammen eine Wohngemeinschaft zu bilden – und schert einer der ›Projektpartner‹ dann aus einem solchen Plan aus, so unterläuft er eine Abmachung oder bricht ein implizites Versprechen. In einem solchen Fall schuldet er dem Geprellten natürlich eine Erklärung und eine Entschuldigung für seinen Abgang, oft aber auch mehr: vielleicht eine Kompensation für bereits getätigte Investitionen oder eine Wiedergutmachung für entstandenen Schaden. Häufiger jedoch gerinnen Gewohnheiten mit der Zeit zu einer Art stillschweigender Übereinkunft, zu einem Ritual, an das sich beide Parteien verlässlich halten, ohne dass es eine klare Abmachung gab. Wie wir im dritten Kapitel über die Freundschaft gesehen haben, bestehen persönliche Beziehungen sogar meist im Wesentlichen darin, dass Freundinnen und Freunde gemeinsame Gewohnheiten und Rituale pflegen und – indem sie dies tun – die Beziehung immer wieder neu bestätigen. Das gegenseitige Interesse und die schiere Pflege der Beziehung lassen solche Gewohnheiten einfach natürlicherweise entstehen. Hört jemand aber auf, die Tradition fortzusetzen, und unterbricht die gewohnheitsmäßigen Abläufe, die sich in einer Beziehung eingespielt haben, dürfte dies sein Gegenüber enttäuschen und Nachfragen oder Vorwürfe provozieren. Denn gibt es keine Erklärung für das geänderte Verhalten (wie beispielsweise, dass sich eine Freundin das Restaurant, in dem die beiden immer zusammen gegessen haben, nicht mehr leisten kann, oder dass sie das alljährliche Ski-Wochenende absagen muss, da der Sohn krank ist), so wertet die befreundete Person das als Distanznahme und reagiert entsprechend verletzt. Doch haben wir gesehen, dass jede und jeder frei ist, sich aus Freundschaften auch wieder zu lösen, sofern das, was wir als ›Gesetz der Trägheit‹ bezeichnet haben, beachtet wird: dass man dem ehemaligen Freund, der vormaligen Freundin Zeit lässt, die Distanzierung zu verstehen und zu verwinden. Die projektbasierte Verletzlichkeit stiftet also, wenn es nicht um eine wirkliche

Abmachung geht, keine moralischen Pflichten, sondern gibt uns lediglich Gründe, auf sie Rücksicht zu nehmen, sofern uns am Gegenüber langfristig liegt.

In Familiengefügen sind diese Prozesse, wie wir ebenfalls bereits sahen, nun aber deutlich komplizierter: Oftmals wachsen Kinder in ›Vereinbarungen‹ hinein, die niemals explizit getroffen wurden, die sie aber später nicht zu enttäuschen wagen aufgrund der Verletzlichkeit der Eltern, welche wiederum stillschweigend davon ausgehen, dass die Kinder ein bestimmtes Projekt ebenso wie sie verinnerlicht haben oder zumindest mittragen. Wie viele Kinder trauten sich in früheren Zeiten nicht, ihren Eltern mitzuteilen, dass sie den väterlichen Betrieb oder den der Familie seit Urzeiten gehörenden Hof nicht übernehmen wollten? Wie viele Kinder konnten sich nicht überwinden, ihren Eltern zu eröffnen, dass sie eine Familientradition nicht fortsetzen wollten, von der dann die Eltern möglicherweise behaupteten, sie überhaupt nur um der Kinder willen weitergeführt zu haben? Elterliche Erwartungen, etwa, dass bestimmte Rituale fortgesetzt, ein Haus übernommen oder der Familienname weitergegeben wird, bestehen heutzutage nach wie vor, und nicht selten sind sie Anlass für Spannungen und Familienstreit.[8]

Wachsen Kinder ungefragt in solche elterlichen Erwartungen hinein, die ihre eigenen Lebenspläne durchkreuzen, dürfen sie Erwartungen enttäuschen. Eltern haben keinen Anspruch darauf, dass ihre Kinder Traditionen übernehmen und fortsetzen, nur weil sie sie gern weiter gepflegt sähen. Den jährlichen Gutschein für gemeinsame Ferien, den die Kinder eigentlich lieber allein einlösen möchten, was sie sich den Eltern nicht zu sagen trauen; das Familiengeschirr, das der Tochter nicht gefällt, von dem die Mutter aber immer neue Stücke anschleppt; die Geburtstagsfeiern, zu denen der Vater zu Mutters Ehren stets einlädt und die jeweils ein ganzes Wochenende belegen – das alles sind Dinge, zu denen Kinder auch laut und deutlich »Nein, danke« sagen dürfen. Doch ganz abgesehen davon, dass Eltern im Unrecht sind, wenn sie ihren Nachwuchs an (vermeintliche) Abmachungen erinnern, die diese nie getroffen haben, kann es für sie dennoch sehr enttäuschend, schmerzhaft oder auch beschämend sein, anerkennen zu müssen, dass etwas, woran ihnen liegt, für die Kinder nicht dieselbe Bedeutung entfaltet, oder dass die Kinder mit Traditionen brechen, die ihren Eltern wirklich wichtig sind. Reicht es da wirklich aus, wenn Kinder sich höflich für das Angebot bedanken und dieses dann ausschlagen?

Das ist umstritten. Denken wir zurück an Jutta aus Navid Kermanis Roman *Sozusagen Paris*: Jutta ist bewusst geworden, dass ihr Leben in einer spezifischen Weise mit jenem der Eltern verbunden ist, weshalb bestimmte ihrer Entscheidungen sich auch stark auf deren Leben auswirken. Jutta fragt sich deshalb, ob sie sich die heimliche Heirat nicht besser zweimal überlegt hätte. Damit sind wir beim *zweiten Aspekt der relationalen Verletzlichkeit* angelangt, der seine Quelle darin hat, dass die Familienbeziehung für die meisten in hohem Maße *identitätskonstitutiv* ist: Das, was die eigenen Kinder tun und lassen, kann auch die Eltern tangieren und *vice versa*. Viele Eltern fühlen sich persönlich angegriffen, wenn ihre Kinder Ansichten vertreten, die sie nicht goutieren. Und Kinder wiederum kann es peinlich berühren, wenn die eigenen Eltern Verhaltensweisen an den Tag legen oder politische Ansichten äußern, die sie selbst für verfehlt oder gar geschmacklos halten. Das hat zum einen mit dem zu tun, was ich im Kapitel über die Freundschaft als ›erweiterte Identität‹ bezeichnet habe: Sie kann einerseits von außen zugeschrieben werden, indem vom Verhalten eines Kindes auf den Charakter und die Erziehungsqualitäten seiner Eltern geschlossen wird. Kinder können in diesem Sinne als Nestbeschmutzer den glänzenden Ruf der Familie arg in Mitleidenschaft ziehen. Wenn der junge Mann ›aus gutem Stall‹ ist, lohnt sich eine Investition in seine Karriere, denn man darf darauf hoffen, dass er ›seinem Namen alle Ehre macht‹. Tut er das dann doch nicht, beschädigt das nicht nur seine Karriereaussichten, sondern ebenso das Image der Eltern: Ganz offensichtlich läuft in der entsprechenden Familie doch nicht alles so rund wie gedacht, und mit der Brillanz des Vaters ist es wohl auch nicht weit her.

Andererseits identifizieren sich viele auch unabhängig von solchen äußeren Zuschreibungen mit dem engsten Familienkreis. Sie fühlen sich ihrer Familie zugehörig (nicht umsonst sprechen wir von Familienmitgliedern auch als ›Angehörigen‹), und das heißt eben nicht nur verwandt, sondern auch im Selbstverständnis, in der Identität berührt. Bruder, Vetter und Enkel, insbesondere aber Sohn oder Tochter zu sein, sind gemäß dem Philosophen Alasdair MacIntyre »keine Eigenschaften, die zufällig zum Menschen gehören, die entfernt werden müssten, um ›das wahre Ich‹ zu entdecken. Sie sind Teil meines Wesens.«[9] Insofern als wir also ein Stück weit unsere engsten Familienbeziehungen nicht nur leben, sondern diese nachgerade ›sind‹, sind auch die Verhaltensweisen und Entscheidungen dieser Menschen für uns unter Umständen hoch relevant.

Zwar gilt für die meisten Menschen, mit denen wir uns umgeben, dass sie ein gutes oder schlechtes Licht auf uns werfen können. Doch in Freundschaften schließen wir weitaus weniger von den Untaten des einen auf den Charakter des anderen und identifizieren uns auch nicht so stark mit ihnen. Wenn meine Freundin Dinge tut, die ich selbst für falsch halte, kann ich das bestens als ihre Entscheidung abtun. Solange sie nicht die moralischen Rechte Dritter verletzt oder ich den Eindruck habe, dass sie sich massiv selbst gefährdet, können und sollen gute Freunde sogar tolerant sein mit Blick auf das Verhalten ihrer Freundinnen. Möglicherweise stellt sich irgendwann die Frage, ob man sich wirklich noch so viel zu sagen hat, wenn etwa ein Freund einem Hobby exzessiv nachgeht, dessen Faszination man selbst beim besten Willen nicht nachvollziehen kann. Doch Grund für Kritik ist das meistens nicht – höchstens vielleicht für Bedauern, dass man den Freund nicht mehr verstehen kann. Im Roman Navid Kermanis *beschämt* Jutta dagegen ihre Eltern, weil sie nicht tut, was von ihr erwartet wird. Das Gebaren der Tochter wird zum Dorfgespräch, die Eltern reagieren entsprechend verletzt. Doch hat Jutta ihren Eltern mit ihrem Verhalten wirklich Unrecht getan? Die Frage ist wohlgemerkt nicht, ob Jutta ihre Eltern verletzt oder brüskiert hat, denn das hat sie zumindest im zitierten Roman ohne jeden Zweifel. Die Frage, die sich auf der Suche nach der Begründung einer filialen Pflicht stellt, lautet vielmehr: Hat sie einen berechtigten Anspruch verletzt?

Ich meine: Nein. Denn im Roman hatte sie als junge Frau gute Gründe, heimlich und fern der Heimat zu heiraten: Das stickige Dorfleben und die Frömmigkeit der Familie nahmen Jutta den Atem, sie konnte offenbar nicht anders, als einfach ihren Weg zu gehen. Dieses »Nicht-anders-können« ist natürlich keiner physischen Unmöglichkeit geschuldet.

Vielmehr beruht es auf dem Umstand, dass zur Ausbildung einer eigenen Identität zuweilen eine Form der Distanzierung notwendig ist, die es Kindern unmöglich macht, die Empfindlichkeiten und Wünsche der Eltern immer so zu berücksichtigen, dass keinerlei Enttäuschung entsteht. Wer geboren werden will, muss sich wie ein Vogel aus dem Ei kämpfen, und, wie Hermann Hesse in seinem Roman *Demian* schreibt: »das Ei war die Welt, und die Welt musste in Trümmer gehen«[10]. Dieser Kampf kann ausgesprochen unangenehm sein, denn wer zerstört und enttäuscht schon gerne? Und doch bleibt uns als Kinder, als Geborene, die wir alle sind, meist nichts anderes übrig, als genau das zu tun: eine Welt zu zerstören, Wünsche und Erwartungen zu enttäuschen, um zu werden, wer man sein will.[11]

Werden, die oder der man ist – das ist, wie bereits das Kapitel zur Verwandtschaft gezeigt hat, ein immenser Kraftakt. Denn die Rolle, die wir als Kind hatten, ist uns so vertraut, dass wir insbesondere im Kontext der Familie immer wieder zum Kind werden. Connie Palmen beschreibt dies in ihrem Roman *Du sagst es* in einer Szene, in der der fiktive Ted Hughes seine Eltern besucht: »Sowie man sein Elternhaus betritt, begibt man sich mitten in die vertraute Familienszenerie hinein. Die Rollenverteilung ist unverändert, die Stichwörter liegen bereit, die unterschwellig schwelenden Spannungen, Geheimnisse und unausgesprochenen Vorwürfe flammen auf und beweisen ihre nicht zu erstickende Macht.«[12] Wenn es nun aber zum Erwachsenwerden notwendig dazugehört, gewisse enge Fesseln zu sprengen, kann es unmöglich die filiale Pflicht sein, genau das nicht zu tun. Wir wären dann ja darauf festgelegt, ewig unsere Rolle des Kindes weiterzuspielen. Entsprechend kann die identitätsbasierte Verletzlichkeit der Eltern für die Kinder nicht bedeuten, überhaupt nichts zu tun, was die Eltern beschämen oder irritieren könnte.

Zugegeben hat das moderne Ideal der Authentizität – man selbst zu werden und autonom sein Leben zu leben – auch seine Schattenseiten: Sich abzunabeln, ist anstrengend; sein eigenes Leben zu entwerfen, ein dauernder Prozess der Selbstfindung.[13] Doch die früher unüberwindbare Enge sozialer Korsette, in denen Menschen fremdbestimmt leben und fortwährend in Dissonanz mit sich selbst verharren mussten, ist sicherlich nicht die bessere Wahl. Kinder haben vielmehr ein Recht darauf, sich abnabeln zu dürfen und ihren eigenen Weg zu gehen, und unter Umständen ist ihnen das nur möglich, indem sie ihre Eltern enttäuschen. Sind deren Erwartungen zu hoch oder zeichnen sie dem eigenen Kind einen Weg vor, den dieses nicht wählen will, müssen Eltern mit der Erfahrung leben, dass Kinder erwachsen werden und eigene Entscheidungen treffen. Zieht man in Betracht, wie viele Eltern in Geburtsanzeigen die pathetischen Worte aus Khalil Gibrans Gedicht *Der Prophet* zitieren, scheinen sich viele Mütter und Väter zumindest am Anfang des Lebens ihrer Kinder dieses Umstands bewusst zu sein: »Eure Kinder sind nicht eure Kinder«, heißt es dort, »obwohl sie mit euch sind, gehören sie euch doch nicht. Ihr dürft ihnen eure Liebe geben, aber nicht eure Gedanken, denn sie haben ihre eigenen Gedanken.« Doch fallen diese eigenen Gedanken zu eigenwillig aus, ist es mit der elterlichen Großzügigkeit oft schnell vorbei. Wie Immanuel Kant in seiner *Metaphysik der Sitten* betont, haben Eltern aber schlicht nicht das Recht, ihre Kinder für eigene Pläne einzuspannen. Ganz im Gegenteil: Gerade weil Eltern ihren Nachwuchs ohne dessen Einwilligung in die Welt gesetzt haben, sind sie Kant zufolge verpflichtet, ihre Kinder so früh wie möglich zur Mündigkeit zu befähigen und in die Freiheit als »Weltbürger« zu entlassen.[14] Eltern, die meinen, sie hätten das Recht, ihren Kindern auch noch im Erwachsenenalter zu sagen, was sie zu tun und zu lassen und wie sie die eigenen Kinder zu erziehen haben, müssen sich nicht wundern, wenn ihre Kinder ablehnend reagieren, denn sie lassen es ihrerseits an Respekt vor nun erwachsenen Kindern vermissen.

Das heißt nun wiederum im Fall des Beispiels von Jutta nicht, dass sie die Verletzlichkeit ihrer Eltern überhaupt nicht kümmern soll. Natürlich wäre es respektlos, wenn sie die Gefühle der Mutter und die Empfindlichkeit des Vaters einfach ignorieren würde und ihnen beispielsweise im Nachhinein nicht mit der nötigen Sorgfalt von ihrer heimlichen Heirat erzählte. Als erwachsene Personen haben wir einander mit Respekt zu begegnen und die Verletzlichkeiten ernst zu nehmen, die andere uns gegenüber an den Tag legen – das gilt genauso für unsere Nachbarn, Arbeitskolleginnen, Bekannte wie für unsere Eltern. Können wir einem an uns gerichteten Anliegen nicht Rechnung tragen, so ist es durchaus angemessen, dass wir unser Bedauern zum Ausdruck bringen. Ein Anliegen ernst zu nehmen, ohne ihm zu entsprechen, heißt, es zu *validieren*: es als gültigen Wunsch anzuerkennen. Eine solche Validierung oder Anerkennung kann aber durchaus zusammengehen mit der Weigerung, das Anliegen auch tatsächlich zu erfüllen – und ist gleichwohl etwas ganz anderes, als ein Anliegen zu überhören oder zu negieren.

Nicht jedes Anliegen ist jedoch berechtigt und verdient eine entsprechende Validierung. So kann beispielsweise ein Stalker danach verlangen, mit seiner Angebeteten Kaffee trinken zu gehen – ein Anliegen, das sicher nicht validiert werden muss, sondern klipp und klar zurückgewiesen werden darf. Der Unterschied zwischen dem Anliegen des Stalkers und einem gleichen Anliegen der Mutter besteht darin, dass eine Mutter nachvollziehbare Gründe hat, weshalb sie mit ihrer Tochter Kaffee trinken möchte – Gründe, die in der gemeinsamen Geschichte und meist einer nach wie vor geteilten Beziehung wurzeln. Dennoch darf die Tochter auch das Anliegen der Mutter unerfüllt lassen: Sie kann ihrer Mutter zu verstehen geben, dass sie ihren Wunsch hört und versteht, ihm aber dennoch nicht entsprechen kann, vielleicht weil sie keine Zeit hat oder weil sie Distanz braucht. Validieren heißt also, ein Anliegen anzuerkennen und dem Gegenüber zu signalisieren, dass man es ernst nimmt in seinem Begehren. Kann man diesem nicht stattgeben, bringt man zum Ausdruck, dass es einem leidtut, das Gegenüber zu enttäuschen. Eine solche Verhaltensweise ist ebenso wie das Ausdrücken von Dankbarkeit, um das es im dritten Kapitel des Buches ging, eine Art Kitt für soziale Beziehungen und eine Form von grundlegendem Respekt. Jedoch folgt daraus nicht, dass die anderen auch berechtigte Ansprüche an uns stellen könnten, für deren Verletzung wir um Verzeihung bitten müssten. Kinder sollten sich der speziellen Verletzlichkeit ihrer Eltern bewusst sein und diesem Bewusstsein Ausdruck verleihen, indem sie sich den Eltern erklären und gegebenenfalls ihr Bedauern zum Ausdruck bringen – aber sie dürfen sich für ihr eigenes Leben, ihre eigenen Ansichten und ihren eigenen Geschmack entscheiden.

Die identitätsbasierte Verletzlichkeit wirkt sich auch auf den Umgang mit Verlust und Trennung aus. Natürlich ist denkbar, dass Eltern ihrerseits das Interesse an ihren Kindern verlieren und ihnen an der Bindung zu ihnen nicht mehr wirklich liegt. In solchen Fällen stellt sich, wie gesagt, die Frage nach einer filialen Pflicht weitaus weniger, denn solche Eltern wünschen sich ja gar keine spezielle Aufmerksamkeit von ihren Kindern. Doch sind Familienabbrüche in aller Regel schwere biographische Einschnitte, die mit großer Verletzung, Trauer und Wut einhergehen.[15] Wie bereits beschrieben, hat das auch mit den spezifischen Eigenschaften der Eltern-Kind-Beziehung zu tun: Während man sich in Freundschaften oder Liebesbeziehungen auseinanderleben kann, scheint das in der Familie nicht wirklich möglich, da man bis zum Tod Kind, Vater oder Mutter von bestimmten Personen bleibt. Zu dieser Unkündbarkeit der Beziehung gesellt sich die Unersetzbarkeit: Wenn ein Sohn den Kontakt zu seinem Vater abbricht, kann der Vater nicht einen neuen Sohn finden. Hinzu kommt ein weiterer Aspekt, der dem Kontaktabbruch besondere Brisanz verleiht: Die Familienbande sind – anders als etwa eine Freundschaft – auch ein Rechtsverhältnis und damit in einer spezifischen Weise öffentlich. Das gilt für andere persönliche Beziehungen nicht: Zwar können Liebesbeziehungen zivilrechtlich als Eheverhältnis und zum Teil als Partnerschaft eingetragen werden. Doch einerseits besteht keinerlei Zwang, dies auch zu tun. Andererseits gibt es auch kritische Stimmen gegenüber der zivilrechtlichen Erfassung von Paarbeziehungen, die eine Abschaffung der Ehe als Rechtsinstitut fordern.[16] Die rechtliche Eltern-Kind-Beziehung ist demgegenüber unkündbar: Man kann sich als Kind nicht von seinen Eltern scheiden lassen, und man kann auch im Erwachsenenalter eine biologische Elternschaft oder ein Adoptionsverhältnis nicht auflösen. Zumindest in dieser Hinsicht wird man sich tatsächlich lebenslang nicht los.[17]

Dennoch gibt es keine eigentliche Pflicht, an der Beziehung festzuhalten. Denn wir haben gesehen: Manchmal kann man nur man selbst werden und sich vor weiteren Verletzungen schützen, indem man seine eigenen Wege geht – und dabei möglicherweise auch ganz weggeht. Weil jedoch die spezielle Verletzlichkeit in Beziehungen zwischen Eltern und ihren Kindern eine geteilte ist, also beidseitig besteht, und die Identitäten ein Stück weit ineinander verwoben sind, verliert man bei einem Kontaktabbruch tendenziell einen Teil des eigenen Selbst. Mutter oder Vater, Tochter oder Sohn bestimmter anderer zu sein, gehört für die meisten von uns zum Selbstverständnis dazu, es ist keine Eigenschaft, die man auswechseln könnte wie Vegetarierin zu sein oder Fan von *Game of Thrones*. Eine glückliche Familienbeziehung kann außerdem eine große Ressource sein, die vielen Menschen Rückhalt gibt. Mit Sicherheit haben wir also guten Grund, einen solchen Abbruch zweimal zu bedenken – und das nicht nur mit Blick darauf, welche Verletzung wir unseren Eltern zufügen würden, sondern auch, wie schwer wir selbst einen solchen biographischen Bruch in unser Leben integrieren könnten. Denn auch wenn eine Familie physisch nicht anwesend ist – sie ist und bleibt trotzdem stets in uns präsent.

Dass die identitätsbasierte Verletzlichkeit jedoch keine Pflichten stiften kann und nicht jede Kränkung bereits eine Verletzung von Ansprüchen ist, wird noch deutlicher, wenn wir den Spieß umdrehen und uns fragen, was eigentlich die Behauptung einer solchen Pflicht für die Lebensführung der Eltern bedeuten würde. Nehmen wir an, ein verwitweter Mann heiratet bald nach dem Tod seiner Frau wieder und seine Kinder reagierten entsetzt: Er könne doch nicht den Platz der Mutter so schnell mit einer neuen Person besetzen.

Oder nehmen wir an, eine Mutter bekennt sich, nachdem ihre Kinder ausgezogen sind, zu ihrer Homosexualität und verlässt ihren Ehemann. Das ganze Dorf spricht über den Vorfall, und die Kinder werden überall auf das Coming-out der Mutter angesprochen. Würden wir in solchen Fällen sagen, Eltern dürften entsprechende Entscheidungen nicht fällen und ihren Kindern damit zugegebenermaßen Schmerz zufügen? Natürlich nicht. Erwachsene Kinder haben keinen Anspruch darauf, dass die Eltern ihnen zuliebe auf wesentliche biographische Entscheidungen verzichten. Eltern dürfen ihre erwachsenen Kinder enttäuschen und kränken, wenn für sie Gewichtiges auf dem Spiel steht – und dasselbe gilt eben auch für die Kinder. Aus der identitätsbasierten Verletzlichkeit folgt also keine Pflicht, eine Verletzung unter allen Umständen zu vermeiden. Wohl aber das Gebot, respektvoll mit dem Gegenüber umzugehen, das womöglich einen herben Verlust oder eine tiefreichende Irritation hinnehmen muss.

Doch selbst wenn eine Beziehung zu Ende geht, geht etwas anderes nicht zu Ende, und das ist die Wirkmächtigkeit der Vergangenheit. Menschen, die sich lieben und einander verbunden sind, vertrauen einander vieles an. Sie werden verletzlich durch das intime Wissen, das sie über die Zeit hinweg übereinander erlangen. Liebende sind vertraut mit den Vorlieben und Einstellungen der anderen, wissen aber auch um ihre Schwächen und dunklen Seiten. Sie haben Erfolge geteilt und unterstützten einander in Situationen des Scheiterns. Sie vertrauten sich Geheimnisse an und tauschten Vertraulichkeiten aus. Eine tiefe persönliche Beziehung geht also mit einem tiefen Verständnis für die andere Person einher. Dieses Wissen verschafft solchen Freunden einen informationellen Vorteil gegenüber Außenstehenden, der ihnen in guten Zeiten erlaubt, einander besonders zu unterstützen, in schlechten Zeiten aber die Möglichkeit eröffnet, einander so zu verletzen, zu betrügen oder auszunutzen, wie es Außenstehende nie vermöchten.

An dieser Stelle kommt der *dritte Aspekt der relationalen Verletzlichkeit* ins Spiel, der auf der *Intimität* beruht, mit der enge persönliche Beziehungen einhergehen. Menschen, die uns nahestehen, haben die Möglichkeit, uns aufgrund der geteilten Intimität ganz spezifisch Schaden zuzufügen: Eine kleine Bemerkung zur richtigen Zeit, ein Nebensatz gegenüber der richtigen Person – und schon ist das Vertrauen missbraucht für Bloßstellung, Erniedrigung und Demütigung.[18] Die Weltliteratur ist voll von Beispielen, bei denen einst vertraute Menschen einander zielsicher an den Feind ausliefern, weil sie den Schwachpunkt des Gegenübers kennen und die intimitätsbasierte Verletzlichkeit ausnutzen. Denken wir nur an Kriemhild, die im *Nibelungenlied* Siegfrieds verwundbare Stelle bloß deshalb verraten kann, weil sie durch die enge Beziehung zu ihm weiß, welche Stelle an Siegfrieds Körper beim Bad im unbesiegbar machenden Drachenblut von einem Lindenblatt bedeckt blieb. Gnadenlos verrät sie Siegfrieds Schwachstelle, und in der Folge wird er getötet. Und auch in der vielleicht berühmtesten Erzählung eines Verrats in der abendländischen Geschichte überhaupt ist es ein Freund, der den entscheidenden Hinweis gibt – nämlich Judas, als er Jesus an die Römer verrät. Judas kann in der entsprechenden Geschichte kein Fremder sein; erst seine Nähe zu Jesus macht den Vertrauensbruch und Verrat möglich. Die Philosophin Annette Baier schreibt deshalb zu Recht: »Das Vertrauen muss länger währen als die Liebe. Denn wenn wir lieben, vertrauen wir der geliebten Person uns wertvolle Dinge an. Das ermächtigt sie auf unbestimmte Zeit, uns zu schaden.«[19]

Diese intimitätsbasierte Verletzlichkeit prägt auch die Familie. Eltern können bei der Hochzeit des eigenen Sohnes die peinlichsten Geschichten auftischen, sie können der zukünftigen Schwiegertochter Details aus der Jugend ihres Sohnes erzählen, die dieser lieber für sich behalten hätte. Die Verletzlichkeit jener, mit denen wir in nahem Kontakt gestanden haben oder weiter stehen, nimmt uns aber in die Pflicht, und zwar immer auch über die Dauer der Beziehung hinaus. Wir dürfen die geteilte Intimität und das historische Wissen übereinander weder ausnutzen noch achtlos damit umgehen. Nehmen wir an, eine Tochter weiß um die uneingestandene Schmach ihres Vaters, dass er nie Abitur gemacht hat, und es kommt bei seinem Geburtstagsfest zu einer hitzigen Debatte über die Bedeutung von Schulabschlüssen für spätere Berufskarrieren. Tochter und Vater geraten sich in die Haare, und irgendwann ruft sie entnervt: »Du hast ja keine Ahnung, du hast ja nicht mal Abitur gemacht – und wie wir alle wissen, bereust du das bis heute!« Der Vater reagiert beschämt und verletzt und macht der Tochter zu Recht einen Vorwurf: Es ist unfair, auf die offenen Wunden von Menschen hinzuweisen, die uns nahestehen.

Diese Pflicht, Intimität nicht zu missbrauchen, Vertrauen nicht auszunutzen, haben Kinder also tatsächlich – doch es handelt sich auch dabei nicht um eine spezifisch filiale Pflicht. Denn zum einen gibt es nicht in allen Familien entsprechendes intimes Wissen voneinander. Je älter die Kinder werden und je abgelöster ihre Biographien von jenen der Eltern verlaufen, desto geringer dürfte zwischen ihnen der Austausch über private Dinge sein, die die Eltern nicht öffentlich machen möchten. Familienmitglieder haben also nicht zwingend zeit ihres Lebens privilegierten Zugang zu intimem Wissen übereinander. Zum anderen ist der Grund für diese Pflicht nicht die Kindschaft selbst: Nicht weil ich die Tochter meiner Mutter bin, darf ich Dinge, die sie mir im Vertrauen erzählt hat und die ihr peinlich wären, nicht ausplaudern, sondern weil ich sie als Menschen damit schädige und mutwillig verletze. Intime Beziehungen versetzen uns lediglich *in die Lage*, unser Gegenüber zu beschämen oder zu verraten; der Grund, warum wir genau diese Möglichkeit nicht nutzen dürfen, ist jedoch nicht die im Moment des Vertrauensbruches ja oft gar nicht mehr bestehende Beziehung, sondern das generelle Gebot, dass wir einander nicht ohne Not schaden dürfen.

Selbst wenn also auch mit Blick auf die intimitätsbasierte Verletzlichkeit keine filiale Pflicht vorliegt, erfährt sie in Familiengefügen dennoch eine spezifische Akzentuierung. Das ist dem Umstand geschuldet, dass Familien stets mehrere Personen umfassen, die miteinander in einer Weise verwoben sind, wie es unsere verschiedenen Freunde normalerweise nicht sind. Wenn eine Mutter das Geheimnis ihres Sohnes ausplaudert, kann das nicht nur den Sohn verletzen, sondern auch negative Auswirkungen auf dessen Ehefrau, die Schwestern, den Vater haben. Familien werden zu Recht als Systeme beschrieben, und Familiengeheimnisse werden oft gerade deshalb tabuisiert, weil ihre Enthüllung das gesamte System beeinträchtigen würde. Inzest ist vermutlich der problematischste Fall eines Familiengeheimnisses, das meist sehr gut gehütet wird, weil alle Vertrauenspersonen zugleich auch Betroffene sind – nicht nur als eigentliche Opfer, sondern auch in ihren Rollen als Mitwisser oder als Bezugspersonen des Täters. Zwar können solche Phänomene auch in Freundeskreisen auftreten. Meist sind die Beziehungen in diesen Gruppen aber doch loser, sodass es nicht zu denselben gravierenden Effekten kommt, durch die Täter gedeckt werden. Außerdem will ich gar nicht behaupten, dass die Verletzlichkeit in Familien kategorisch anders ausfällt als in Freundschaften. Ich möchte lediglich deutlich machen, dass die Verwundbarkeit in vielen Familien eine spezielle Nuancierung erfährt.

Man kann sich in Beziehungen übrigens nicht nur Geschichten und Geheimnisse anvertrauen – auch Gegenstände können einander überlassen werden. In Familienbeziehungen spielen anvertraute Erbstücke zuweilen gewichtige symbolische Rollen, wenn es um die Frage des respektvollen Umgangs miteinander geht. Müssen das überdimensionierte Buffet, das geblümte Sofa, die alte Modelleisenbahn, die den eigenen Eltern so kostbar waren, aufbewahrt werden? Die jüngeren Generationen wohnen heute oft auf engerem Raum als ihre Eltern, und die Frage, ob man sich unliebsamer Erbstücke entledigen darf, stellt sich ihnen erst recht. Selbst wenn jene, die uns Familienstücke anvertraut haben, verstorben sind oder sie ein Weggeben der entsprechenden Dinge gar nicht bemerken würden, scheint es nicht angemessen, die Gegenstände achtlos wegzuwerfen. Kinder, die es als pietätslos empfinden, wenn sie das Besteck der Großmutter auf dem Flohmarkt verhökern, sind zwar kaum der Ansicht, dass sie der Großmutter über deren Tod hinaus verpflichtet seien. Aber es ist die Geschichte, die sie nicht kappen wollen und die den Gegenständen irgendwie weiter innewohnt.

Erbstücke gut zu behandeln, ist ein bisschen so, als würde man die Zeit konservieren wollen, die man zusammen verbracht hat, und würdigen, was anderen Menschen lieb und teuer war. Es zeugt von moralischer Sensibilität, mit dem Vermächtnis eines geschätzten Menschen achtsam umzugehen. Verpflichtet dazu ist man aber sicher nicht. Doch eines zeigt dieses Buch eben auch: Das philosophische Nachdenken über die Familie besteht nicht allein aus Verboten und Geboten; vielmehr geht es um viel komplexere Gemengelagen, um Empfindlichkeiten und Ehre, Traditionen und Selbstbilder, um Authentizität. Auf alle diese Elemente komme ich im letzten Kapitel zurück.

Fassen wir zusammen: Wir haben gesagt, dass persönliche Beziehungen von relationaler Verletzlichkeit geprägt sind. Zwischen Eltern und Kindern erfährt diese Verletzlichkeit eine Vielzahl von Akzentuierungen und Zuspitzungen, die mit den spezifischen Eigenschaften dieses Verhältnisses zu tun haben, die die Eltern-Kind-Beziehung zu etwas eindeutig anderem als zu Freundschaften machen: Wir bleiben ein Leben lang Eltern und Kinder der jeweiligen Personen, mit denen wir dieses Verhältnis teilen; wir sind in Familien nicht nur mit Einzelpersonen verbunden, sondern in Gefüge eingebettet; wir wachsen zum Teil in Verantwortlichkeiten hinein, für die wir uns nie frei entscheiden konnten. Natürlich sollen wir die Verletzlichkeiten, die in Familienbanden bestehen, in unserem Tun und Lassen bedenken und berücksichtigen. Das heißt aber weder, dass wir verpflichtet sind, in der Beziehung zu verharren, noch dass wir Erwartungen von Eltern zu erfüllen haben, die in Widerspruch zu unserem eigenen Lebensentwurf stehen. Denn Kinder sind ihrerseits in hohem Maße verletzlich in ihrer Aufgabe, sich selbst zu entwickeln und ihr eigenes Leben zu entwerfen. Doch dürfen wir natürlich nicht das Vertrauen missbrauchen, das unsere Mütter und Väter uns während unserer Kindheit geschenkt haben oder weiter schenken. Ein sorgsamer Umgang mit dem intimen Wissen, das wir als Kehrseite von Liebe und Vertrauen übereinander erlangen, ist geboten, um einander zu unterstützen und beizustehen – und genau das tun auch viele Familienangehörige. Dieses Wissen jedoch zu nutzen, um einander an andere auszuliefern, würde heißen, Vertrauen zu missbrauchen, und käme einem groben moralischen Vergehen gleich.[20]

Doch einmal abgesehen davon, dass Kinder ihre Eltern nicht schädigen, beleidigen oder sich über sie lustig machen dürfen – sind die Kinder ansonsten gänzlich frei? Sind erwachsene Söhne und Töchter also in keinerlei Weise verpflichtet, sich speziell um ihre Eltern zu kümmern? Die Philosophen Seumas Miller und Michael Collingridge erzählen dazu folgende Geschichte: Dorothee ist verwitwet und lebt allein in ihrem Haus. Ein Pflegedienst schaut regelmäßig bei ihr vorbei, außerdem wird ihr Essen gebracht. Dorothee ist physisch in guter Verfassung und weder vergesslich noch verwirrt, aber sie hat kaum Freunde und fühlt sich einsam. Ihre Tochter wohnt in der Nachbarschaft, besucht ihre Mutter jedoch vergleichsweise selten. Eine Angestellte des Pflegedienstes bemerkt über die Zeit hinweg, dass Dorothee zunehmend deprimiert scheint, sich vernachlässigt und an Gewicht verliert. Darauf angesprochen, sagt Dorothee, dass sie niemanden habe und dass sie sich nichts mehr wünsche, als dass ihre Tochter öfter bei ihr vorbeischaue. Die Pflegerin sucht daraufhin das Gespräch mit der Tochter. Doch diese reagiert distanziert: Ihre Mutter verlange zu viel von ihr. Sie müsse akzeptieren lernen, dass ihre Tochter ihr eigenes Leben habe. Ist die Tochter in diesem Fall im Recht?[21]

Um diese Frage zu beantworten, ist es hilfreich, eine Unterscheidung des Philosophen Simon Keller einzuführen, nämlich die zwischen *generischen* und *speziellen* Gütern: Generische Güter befriedigen Bedürfnisse, die wir Menschen aufgrund unserer ontologischen Verletzlichkeit haben. Wir erinnern uns: Dabei geht es um jene Verletzlichkeit, die wir aufgrund unseres schieren Menschseins haben, aufgrund unserer *conditio humana*. Dorothee etwa braucht jemanden, der ihr Essen vorbeibringt, und ist möglicherweise auch auf kleinere pflegerische Handgriffe angewiesen. Wird Dorothee gebrechlich, benötigt sie mit der Zeit eine Haushaltshilfe, vielleicht auch jemanden, der ihr hilft, sich zu waschen und anzukleiden. Selbst wenn Dorothee es vorzöge, wenn ihre Tochter diese Dinge übernähme, darf die Tochter diese Leistungen auch an ausgebildetes Personal delegieren. Doch wünscht sich Dorothee vermutlich noch andere Dinge, die das Hilfspersonal nicht übernehmen kann, so sehr es sich auch bemüht: Dorothee möchte vielleicht über alte Geschichten sprechen; sie möchte wieder einmal den Kuchen essen, den es am Sonntag immer gab; sie möchte mit der Tochter den Weihnachtsbaum schmücken, wie die beiden es früher stets taten. Bei diesen Dingen handelt es sich in der Unterscheidung Simon Kellers um spezielle Güter, die ausschließlich Dorothees Tochter ihrer Mutter schenken kann. Denn der Wert dieser speziellen Güter liegt in erster Linie in der Bestätigung der Beziehung zwischen Dorothee und ihrer Tochter, in ihrer gemeinsamen Geschichte geteilter Erlebnisse, Rituale und ihres wechselseitigen Vertrauens, und das alles lässt sich nicht delegieren. Simon Keller ist nun der

Ansicht, dass Kinder ihren Eltern eben diese Güter schulden: Weil sie für Eltern von beispiellosem Wert seien, den sie nur von ihren Kindern erhalten können, hätten letztere die filiale Pflicht, diese auch bereitzustellen. Denn nur so könnten Eltern mit ihren Kindern eine einzigartige und wertvolle Beziehung pflegen.[22]

Keller mag mit seiner Beschreibung recht haben: Es gibt natürlich Dinge, die nur Kinder für ihre Eltern tun können, weil sie nämlich Teil dessen sind, was zur Praxis dieser Beziehung gehört, also zu den Gewohnheiten und Geschichten, die Kinder und ihre Eltern bisher geteilt haben. Viele Kinder halten an dieser Praxis ja auch durchaus fest und schätzen sich glücklich, Eltern zu haben, mit denen sie diese einmalige, spezielle Beziehung leben können. Es ist außerdem für viele Menschen keineswegs nur eine Last, gebraucht zu werden, sondern auch ein großes Glück. Menschen in gebrechlichen Zeiten nahe zu sein, ihnen vielleicht sogar im Moment ihres Sterbens zugewandt zu sein, mag zuweilen schwer und traurig sein, wird in vielen Fällen jedoch auch als bestärkend und sinnstiftend empfunden.

Eine Pflicht, den eigenen Eltern nahe zu sein und zu bleiben, gibt es dennoch nicht. Natürlich wäre es für Dorothee wie für uns alle schön, wenn uns unsere Kinder bis in das hohe Alter besuchten und die Beziehung zu uns pflegten; einen Anspruch darauf haben wir jedoch nicht. Es kann einen solchen Anspruch auch gar nicht geben, denn insofern als diese speziellen Güter Ausdruck davon sind, dass einem an dieser Beziehung liegt (in diesem Punkt hat Keller durchaus recht), werden sie gar nicht realisiert, wenn man die Beziehung nicht bejaht, sondern sich im Gegenteil aus ihr befreien möchte. Wenn die Tochter der Mutter nur widerwillig bei ihren Erzählungen zuhört, mit Groll den Christbaum schmückt und allein als Pflichtübung die Mutter besucht, schenkt sie ihr nicht, was sich diese wünscht oder wünschen sollte – denn so viel Selbstachtung sollten wir alle haben, es nicht vorzuziehen, belogen zu werden, wenn andere Menschen uns scheinbar Zuwendung schenken.

Während generische Güter also durchaus aus einem Pflichtgefühl heraus und insofern auch in einem Angestelltenverhältnis bereitgestellt werden können, spielt für die Erfüllung eines speziellen Guts die Motivlage der handelnden Person eine eminente Rolle. Liebe, Zuneigung und Interesse aneinander lassen sich zwar ermutigen und kultivieren; sich wider Willen zu ihnen zu überwinden, ist jedoch unmöglich. Und keine Mutter möchte, dass die Tochter nur bei ihr aufkreuzt, weil sie sich dazu verpflichtet fühlt.[23]

Wenn Kinder ihren Eltern nichts schulden, wie dieses Buch bis hierher nahelegt, dann haben Eltern ihrerseits die Aufgabe, für ihr Alter vorzusorgen: sich zu überlegen, wo und wie sie leben möchten, ohne auf die Fürsorge der eigenen Kinder angewiesen zu sein. Es bedarf also auch für sie eines Perspektivwechsels: Wenn die Kinder nicht in der Schuld ihrer Eltern stehen, sondern frei sind, sobald sie das familiäre Nest verlassen haben, dann sollten sich die Eltern nach Möglichkeit ihrerseits nicht in Abhängigkeit ihrer Kinder begeben. Albert Camus war, vielleicht etwas überspitzt, der Meinung, dass Leiden keine Rechte verleihe, sondern umgekehrt in sich den Appell berge, an sich zu arbeiten und die eigene Verletzlichkeit zu überwinden.[24]

Das Nachdenken über die Verletzlichkeit legt auf jeden Fall einen weiteren Aspekt unseres Zusammenlebens offen, nämlich, dass auch die Person, die Hilfe leistet, verletzlich ist in Hinblick auf Selbstausbeutung und Überforderung. Denn trotz aller schönen Seiten, die das Dasein für andere Menschen birgt und die ich betont habe, gilt es eben auch dem Umstand Rechnung zu tragen, dass die Aufgaben, die beim Altwerden der eigenen Eltern auf Töchter und Söhne zukommen, auch belastend ausfallen können – dies gilt insbesondere dann, wenn die Kinder verpflichtet werden, auch generische Güter der allgemeinen Fürsorge bereitzustellen.[25] Mit Sicherheit ist es wünschenswert, zumindest bei der Bereitstellung dieser Güter eine gesellschaftliche Lösung zu finden, die einerseits Kinder entlastet und andererseits Eltern aus einer Abhängigkeit befreit, die ihnen vielleicht nicht immer angenehm ist.

Dann fänden auch alle Familienmitglieder mehr Raum, sich wirklich füreinander und für die Dinge, die nur sie einander schenken können, Zeit zu nehmen und einen sorgsamen Umgang miteinander zu pflegen, den wir alle brauchen, der Verletzlichkeit wegen, die uns allen anhaftet – als Kinder wie als Eltern.

7 DAS GUTE KIND

»Ihr könnt auseinandergehen,
ihr unterliegt keinen Ansprüchen von Seiten des anderen.
Das ist eine gute Bedingung dafür, zusammenzubleiben,
in welcher Form es auch sei.«

RÜDIGER BITTNER[1]

Im Winter 2015 veröffentlichte die Supermarktkette Edeka einen Werbespot, der weltweit Aufmerksamkeit erregte.[2] Der Clip trug den Titel *#heimkommen* und erreichte innerhalb weniger Wochen mehr als 43 Millionen YouTube-Aufrufe. Zeitungsartikel in Frankreich, Österreich, Australien und den USA diskutierten ihn. Der kurze Film erzählt die Geschichte eines durchaus vermögenden, alleinstehenden Großvaters, der nach der wiederholten Absage seiner Kinder und Enkel das Weihnachtsfest Jahr für Jahr allein begangen hat. Um diesen Dezember nicht wieder einsam unter dem Christbaum sitzen zu müssen, erlaubt er sich einen makaberen Scherz: Er schickt seinen Kindern die Anzeige seines eigenen Todes. Als die Familie aus aller Welt zu seinem Begräbnis anreist, tritt ihr der vermeintlich tote Vater in einer festlich geschmückten Stube entgegen: »Wie hätte ich euch denn sonst alle zusammenbringen sollen?«, fragt er. Es folgen Tränen der Erleichterung, herzliche Umarmungen und ein üppiges Weihnachtsmahl in sichtlich vertrauter und ausgelassener Runde.

Der Werbespot ist ohne jeden Zweifel rührend, trotz allem Kitsch. Und das nicht nur der brillanten Inszenierung der Geschichte wegen, sondern wohl vor allem, weil wir vermutlich alle tief in uns eine Sehnsucht nach trauten Familienrunden verspüren, nach ungezwungener und selbstverständlicher Herzlichkeit, wie sie nur in sehr langen Beziehungen möglich ist. Sie ist es, die glückliche Familien einander ähnlich macht, wie Leo Tolstoi am berühmten Anfang von *Anna*

Karenina bemerkte: »Alle glücklichen Familien gleichen einander, jede unglückliche Familie ist auf ihre eigene Weise unglücklich.« An Weihnachten, diesem Familienfest par excellence, sind wir für die Sehnsucht nach solchem Familienglück besonders empfänglich. Wir wollen wie selbstverständlich aufgehoben sein in einer Runde, in der man sich bereits kennt und sich nicht verstellen muss – in der man sich bereits hat, sich nicht noch erobern muss.

Der Edeka-Kurzfilm führt dabei vor, dass sich richtiges ›Heimkommen‹ nicht darin erschöpft, die Adresse aufzusuchen, unter der wir aufgewachsen sind, sondern dass Heimkommen im Wesentlichen darin besteht, in den Beziehungen zu sein und zu leben, die weit in unsere Geschichte zurückreichen. Im Song zum Werbespot lautet der Text entsprechend: *»Home used to be just some walls that I knew. But the truth is that home means nothing without you.«* Ein Zuhause, eine Heimat bestehen weniger aus den vier Wänden, die einem vertraut sind, als aus den Beziehungen, in denen man geborgen ist. Das Happy End des Films demonstriert dabei gleich doppelt, von welch großer Bedeutung und Strahlkraft das mit geliebten Menschen gefüllte Zuhause, das immer noch warme Nest sein kann: Der alte Mann feiert das Weihnachtsfest zum einen nicht mehr allein, sondern umringt von seinen Kindern und Kindeskindern. Und zum anderen scheint auch die nur durch einen Trick zusammengebrachte Runde nicht allzu betrübt über das Täuschungsmanöver des Vaters. Die Bilder zumindest zeigen eine strahlende Großfamilie, in der man sich schätzt und versteht und in der sich alle einfach nur wohl fühlen.

Familie kann also großes Glück und stärkenden Zusammenhalt bedeuten – ein geborgenes Zuhause, in das man gern zurückkehrt. Dieses Buch ist aber von der Erfahrung ausgegangen, dass Familie nicht notwendigerweise und jederzeit ein solcher Ort des Verstandenwerdens und Aufgehobenseins ist. Zwar ›hat‹ man für gewöhnlich Familie, ohne dass man sich um ihre Existenz in irgendeiner Form bemühen müsste. Doch für manche bedeutet die Familie, die sie nun einmal haben, eher Kälte, Schmerz und Unverstandensein als Wärme und Geborgenheit. Manchmal besteht dieser negative Eindruck von Kindesbeinen an, manchmal entsteht er erst im Erwachsenenalter, möglicherweise bedrückt er auch nur phasenweise. Ganz sicher aber sind nicht alle Familien glückliche Gefüge, und die wenigsten Familien dürften ganz ohne Krisen und ohne Zeiten des gegenseitigen Befremdens über die Runden kommen.

Ob Familie langfristig glückt oder nicht, hängt von vielen Faktoren ab. Darunter finden sich äußere wie innere, und vielen sind wir im Laufe dieses Buches begegnet: Wie können beispielsweise Eltern in materiell prekären Situationen adäquat für ihre Kinder sorgen, wenn nicht einmal ihre eigenen Bedürfnisse befriedigt werden? Wie sollen Eltern, die durch eine Krankheit oder durch soziale Probleme ihrer Kinder über Gebühr belastet sind, die Kraft finden, auf Dauer geduldige und liebevolle Eltern zu bleiben? Äußere Umstände, die das Familienglück gefährden, könnten sich zumindest bis zu einem gewissen Grad durch staatliche und zivilgesellschaftliche Unterstützung abmildern lassen, doch oftmals fühlen sich die Betroffenen in ihrer Überforderung allein gelassen. Das kann für Eltern, die mit der Erziehungsarbeit überlastet sind, genauso gelten wie für erwachsene Kinder, die sich neben ihrer eigenen Familie und ihrem Beruf auch noch um ihre betagten Eltern kümmern müssen. Das Nachdenken über die Eltern-Kind-Beziehung hat gezeigt, wie verletzlich wir alle in dieser speziellen Verbindung sind. Immer wieder geht es in ihr um Verlust, Überforderung, Schuldgefühle. Umso mehr müssten wir es als ein gesamtgesellschaftliches Anliegen verstehen, speziell belastete Familienmitglieder in allen Lebensphasen – wenn Kinder erkranken, Pubertierende auf die schräge Bahn geraten, Eltern dement werden, Familienangehörige im Sterben liegen, kranke Enkel zu betreuen sind – zu unterstützen und es ihnen zu ermöglichen, Familie weniger als Bürde denn als Ort der Geborgenheit erfahren zu können.

Familienglück wird aber beileibe nicht nur von außen hergestellt. In höchstem Maße hängt es von inneren, beziehungsimmanenten Faktoren ab, von der Art und Weise, in der die Familienangehörigen miteinander umspringen und aufeinander blicken. Ich bin in diesem Buch vor allem diesen beziehungsimmanenten Faktoren nachgegangen. Der Einfluss des Umgangs der Familienmitglieder miteinander auf die spätere Beziehung ist natürlich vor allem in der Kindheit sehr groß, da die Kinder massiv abhängig von ihren Bezugspersonen sind und sich vor Demütigung, Vernachlässigung oder zu viel Strenge kaum schützen können. Er betrifft aber auch die Phase, in der sich Eltern und ihre Kinder als Gleichberechtigte gegenüberstehen und Eltern zuweilen nicht akzeptieren können, dass ihr Sohn oder ihre Tochter nun frei sind, ihr eigenes Leben zu leben und Erwartungen unerfüllt zu lassen. Dann werden Reibung, Krisen und Brüche unvermeidlich. Von diesen Faktoren abgesehen, ist Familienglück jedoch ein Stück weit auch Schicksal: Ob man im geteilten Nest harmoniert und zueinander passt, kann man sich nicht wirklich aussuchen. Denn Familie ist in erster Linie eine zusammengewürfelte, schicksalhafte Gemeinschaft und eben gerade keine Wahlverwandtschaft, in der wir uns Gleichgesinnte suchen und uns aus freien Stücken auf Nähe einlassen. Familie ist uns vielmehr von Kindsbeinen an mit- und aufgegeben, und wir haben uns mit dem Personenkreis, in den wir per Zufall geraten sind, zu arrangieren. Nervige Brüder, sture Väter und sich selbst bemitleidende Mütter gehören vielleicht ebenso zu unserer Familie wie nachsichtige Großmütter, liebevolle Schwestern und bestätigende Onkel.

Trotz dieser Schicksalhaftigkeit und der Gefahr, dass Eltern an ihrer Aufgabe scheitern oder äußere Umstände das Familienheil gefährden können, vermag Familie natürlich auch zu glücken: Eine Herkunftsfamilie kann sich als warmes Nest bewähren, in das wir jederzeit gern zurückkehren – und in vielen Fällen tut sie das glücklicherweise auch. Doch selbst dann gehen die Hoffnungen, Bedürfnisse und Erwartungen der Familienangehörigen zuweilen auseinander. Dann fragen sie sich, wie viel Rücksichtnahme und Verzicht den anderen gegenüber von ihnen verlangt ist, welches Ausmaß an Loyalität und Verantwortungsgefühl sie an den Tag legen sollen. Und auch das thematisiert der Edeka-Werbespot: Als die Kinder anfangs den Vater per Nachricht auf dem Anrufbeantworter wissen lassen, dass sie es leider auch dieses Jahr nicht zum Fest schaffen, nimmt man ihnen ihr Bedauern durchaus ab. Sie sind offenbar ihrerseits allesamt aufgerieben zwischen beruflichen Anforderungen, den Bedürfnissen der eigenen Kinder und vielleicht auch der Sehnsucht, einfach zuhause zu bleiben und keine weite Reise unternehmen zu müssen. Doch weil die Kinder in dem Kurzfilm offenbar ein gutes Verhältnis zu ihrem Vater haben, plagt sie möglicherweise auch ein schlechtes Gewissen, und sie fragen sich: Darf ich meinen Vater schon wieder allein lassen an Weihnachten? Müsste ich ihn nicht öfter besuchen oder sogar erwägen, in seine Nähe zu ziehen? Entsprechende Fragen sind kein Zeichen einer ›schlechten‹ Familie; sie begleiten vielmehr jede persönliche Beziehung, und Familienbeziehungen ganz besonders.

Denn wir haben im vorangegangenen Kapitel gesehen, dass gerade die spezifische Intimität der Familienbande die Familienmitglieder untereinander auch besonders verletzlich macht. Enttäuschung, Scham, Trauer und Gewissensbisse sind ständige Begleiter von Familien. Sie zeigen sich in immer neuen Fragestellungen: Rufen wir wirklich genügend oft zuhause an? Musste die Tochter unbedingt die geerbte Kommode weggeben? Muss der Sohn sich ausgerechnet eine Bartänzerin als Freundin anlachen? Das Nachdenken über die spezielle Verletzlichkeit, die Eltern und ihre Kinder einander gegenüber oft an den Tag legen, hat gezeigt: Eltern sind in aller Regel nicht einfach Freundinnen oder Freunde ihrer Kinder, mit denen sich viele Missverständnisse simpel klären ließen. Eltern und Kinder leben sich auch kaum jemals über die Zeit hinweg auseinander, weil man vielleicht doch nicht mehr so viel teilt oder sich fremd geworden ist, wie es in Freundschaften geschehen kann. Die Strategie des ›Versanden-Lassens‹, die keinen abrupten Bruch erzwingt, sondern eine vormals intensive Beziehung langsam auskühlen lässt, bietet sich in Familien als Beziehungsende nicht wirklich an. Der Grund dafür liegt in der beschriebenen Verletzlichkeit, also darin, dass Familienbande in besonderem Maße für die Eltern wie für die Kinder identitätsstiftend sind; dass man Familie nicht aufkünden kann, sondern sie uns in vielen Fällen sogar wortwörtlich in Fleisch und Blut übergegangen ist; dass die beziehungsimmanenten Regeln, nach denen das Zusammenleben funktioniert, nicht in einem gleichberechtigten Prozess ausgehandelt worden sind, sondern auf der Macht der Gewohnheit, unausgesprochenen Erwartungen und tradierten Rollenbildern beruhen, zu denen sich die Kinder meist nie verhalten konnten.

Trotz dieser Verletzlichkeit und der Hoffnung vieler Eltern, dass ihre Kinder sich zeitlebens für sie interessieren und sich um sie bemühen werden, bin ich bis zu dieser Stelle zu dem Schluss gelangt, dass Kinder ihren Eltern als deren Kinder nichts schuldig bleiben. Dieses Buch ist damit eine Absage an die Existenz *filialer Pflichten* – an Pflichten, die Kinder ihren Eltern gegenüber *allein aufgrund des Umstands haben, dass sie ihre Kinder sind.*

Das bedeutet aber keineswegs, dass Familie eine moralfreie Zone wäre. Ganz im Gegenteil: Ich habe wiederholt gezeigt, dass in Beziehungen gerade aufgrund der relationalen Verletzlichkeit – also der Abhängigkeitsverhältnisse, der geteilten Identität, der Intimität – die Gefahr steigt, dass es zu Ausbeutung oder Vertrauensmissbrauch kommt. Natürlich ist dergleichen in allen Beziehungen und damit auch in der Familie verwerflich und moralisch verboten. Denn wir schulden einander selbstverständlich auch in Familienbeziehungen jenen grundlegenden Respekt, der es uns verbietet, einander mutwillig zu verletzen, also beispielsweise Intimität auszunutzen oder Vertrauen zu missbrauchen. Das sind wir einander aber nicht als Kinder und Eltern schuldig, sondern einfach als Personen, als Wesen mit einer Würde und als Mitglieder der moralischen Gemeinschaft. Die Familienkonstellation kann uns lediglich in die Lage versetzen, einander besonders einfach kränken, verraten und enttäuschen zu können. Sie begründet aber keine filiale Pflicht, sich um die eigenen Eltern speziell zu kümmern, den Kontakt zu ihnen zu halten oder sich an ihren Werten zu orientieren.

Zwar haben die meisten Eltern, wie ich deutlich gemacht habe, umfassend in ihren Nachwuchs investiert: Sie haben für die Kinder ihr Leben umgewälzt, haben sich ihretwegen immer wieder Sorgen gemacht und auch finanzielle Einbußen auf sich genommen. Deshalb scheint es nicht nur verständlich, sondern angemessen, wenn vor allem jene Kinder, die ihre Kindheit in guter Erinnerung haben und deren Eltern verlässlich und liebevoll waren, ihren Eltern mit Dankbarkeit gegenübertreten und das Bedürfnis haben, sich den Eltern erkenntlich zu zeigen. Doch daraus folgt weder, dass sie ihren Eltern etwas schuldig bleiben, noch, dass sie aus Gründen der Dankbarkeit bestimmte elterliche Ansprüche zu erfüllen hätten.

Genauso wenig generiert Verwandtschaft für sich genommen eine filiale Pflicht. Zwar interessieren sich die meisten Kinder für ihre Herkunft und in diesem Zusammenhang auch für ihre Familiengeschichte. Aus diesem Grund sind Eltern auch verpflichtet, ihrem Nachwuchs seine Herkunft offenzulegen. Und weil die Beziehung ohne jeden Zweifel für unser Selbstverständnis und die Entwicklung einer eigenen Persönlichkeit extrem bedeutungsvoll ist, sind wir mit Blick auf ihren Verlust auch speziell verletzlich. Selbst Kinder, die ihre Eltern als befremdlich erleben und die den Kontakt zu ihnen vielleicht sogar abbrechen, können von einer großen Trauer erfasst werden, wenn die Eltern sterben. So schreibt beispielsweise der Schriftsteller Peter Weiss, obwohl er als Kind unter der Strenge und Kälte seiner Eltern litt, am Anfang seines Buches *Abschied von den Eltern*: »Ich habe oft versucht, mich mit der Gestalt meiner Mutter und der Gestalt meines Vaters auseinanderzusetzen, peilend zwischen Aufruhr und Unterwerfung. Nie habe ich das Wesen dieser beiden Portalfiguren meines Lebens fassen und deuten können. Bei ihrem fast gleichzeitigen Tod sah ich, wie tief entfremdet ich ihnen war. Die Trauer, die mich überkam, galt nicht ihnen, denn sie kannte ich kaum, die Trauer galt dem Versäumten, das meine Kindheit und Jugend mit gähnender Leere umgeben hatte. Die Trauer galt der Erkenntnis eines gänzlich missglückten Versuchs von Zusammenleben, in dem die Mitglieder einer Familie ein paar Jahrzehnte lang beieinander ausgeharrt hatten. Die Trauer galt dem Zuspät, das uns Geschwister am Grab überlagerte und das uns dann wieder auseinandertrieb, ein jedes in sein eigenes Dasein.«[3] Doch selbst wenn ein Kontaktabbruch zuweilen die einzige Möglichkeit darstellt, ein eigenes Leben zu entwerfen und zu leben, bleibt eine Leerstelle zurück, die sich vermutlich nur schwer überwinden lässt. Denn ganz überwinden kann man sich in Familien nicht. Eine Verpflichtung, deshalb eine Beziehung aufrechtzuerhalten, gibt es aber dennoch nicht.

Doch sind wir mit diesem negativen Befund – Kinder schulden ihren Eltern nichts – wirklich bereits an das Ende unseres Nachdenkens über die Frage gekommen, wie sich erwachsene Kinder ihren Eltern gegenüber verhalten sollen? Irgendwie erscheint das doch unbefriedigend. Und dieses

Buch hat ja auch nicht nur die spezielle Verletzlichkeit betont, die Familienmitglieder gegenüber einander haben, sondern ebenso den unvergleichlichen Wert der Familie: Familie kann trösten und wärmen, Familie kann Halt geben und Verständnis wecken, Familie kann uns als die anerkennen, die wir sind. Die trotzige Weigerung, eine moralische Pflicht zur Pflege und Aufrechterhaltung dieser Beziehung anzuerkennen, scheint – so zutreffend sie ist – nicht der Weisheit letzter Schluss zu sein.

Denn wenn wir danach fragen, wie wir uns in dieser ebenso einzigartigen wie eigentümlichen, uns von außen auferlegten Beziehung verhalten sollen, spielt es natürlich eine große Rolle, dass Familie zumindest das Potential hat, eine unvergleichliche Quelle von Bestätigung, Identität und Glück zu sein. Angesichts dieses Potentials wäre es schlicht unklug, wenn wir uns die Chance auf solches Glück entgehen ließen, ohne zumindest versucht zu haben, diese ›Schatztruhe‹ auch zu knacken. Zwar haben wir gesehen, dass längst nicht alle Familien dieses Potential überhaupt bergen. Einige sind einfach zu zerrüttet, als dass sie noch eine Quelle von Glück, Eintracht und Geborgenheit sein könnten. Aber ist noch ein Funken dieser Möglichkeit vorhanden, sollten wir uns als Kinder unserer Eltern ein Leben lang bemühen, diesen zu schützen und möglicherweise sogar zum Leuchten zu bringen. Das jedoch gerade nicht, weil es unsere Pflicht wäre und wir es unseren Eltern schuldig wären, sondern weil es in unserem eigenen Interesse liegt, versöhnt mit unserer Familie zu leben. Denn Familie kann nicht nur Geborgenheit und Anerkennung schenken, sie hat darüber hinaus noch weitere Vorteile, die ihre Ursache gerade in dem Umstand haben, dass jede Familie eine unfreiwillige, uns auferlegte Bindung ist.

Für alle anderen Beziehungen gilt ja nicht nur, dass wir sie wählen *können*, sondern vielmehr auch, dass wir sie überhaupt wählen *müssen*. Ohne die Wahl von Freunden, Lebensweisen, Tätigkeiten, Beziehungen bleiben wir sozusagen wesenlos zurück. Jean-Paul Sartre bezeichnete den Menschen in diesem Sinne als »zur Freiheit verurteilt«, weil die eigene Existenz stets des Selbstentwurfs bedarf und deshalb harte Arbeit ist.[4] Das gilt auch für den Bereich der Beziehungen: An wen sollen wir uns binden, wenn wir wählen dürfen – und vor allem: wenn die Wahl nie zu Ende ist? Lebenspartner werden in unserer Welt für viele zu Lebensabschnittspartnern, Freunde tauschen viele von uns als globale Arbeitsnomaden immer wieder aus. Freiheit ist – bei allen Vorteilen, die sie bringt – eine anspruchsvolle Aufgabe. In der viel zitierten Multioptionsgesellschaft empfinden manche eher die Qual der Wahl statt deren Chance. Manche Philosophen und Soziologen behaupten gar, unsere Gesellschaft degeneriere vor lauter Freiheitsüberschuss zu einer »Müdigkeitsgesellschaft«[5], in der sich das Individuum in erster Linie wieder wünscht, einfach nur zu sein und nichts mehr werden zu müssen. In diesem Klima wäre die Idee der Familie das perfekte Entlastungsprogramm schlechthin: Tochter und Sohn muss man nicht erst mühevoll werden, sondern man ist es immer schon; und Eltern muss man sich nicht kompliziert erst suchen, sondern sie sind, solange man denken kann, einfach da. Die moderne Qual der Wahl haben wir mit Blick auf die Familie sicher nicht.

Zudem gehört zur Wahlmöglichkeit aller anderen Beziehungen, dass man immer damit rechnen muss, selbst *nicht* gewählt oder wieder *abgewählt* zu werden. Diese Kontingenzerfahrung kann auch gute Freunde und Lebenspartner ereilen: Freunde können sich aufgeben, Liebespaare sich verlassen. Die amerikanische Philosophin Claudia Mills weist deshalb zu Recht darauf hin, dass wir einen Wert darin sehen sollten, dass wir in unseren Familienbeziehungen in aller Regel bedingungslos geliebt werden. Diese Bedingungslosigkeit hat ihr zufolge ihren Grund just in der Unfreiwilligkeit oder, genauer, Nicht-Wählbarkeit der familiären Bande: Gerade weil wir uns in unseren nahen Familienbeziehungen gegenseitig nicht aussuchen könnten und die Bande unfrei seien, könnten wir auch keine Bedingungen aneinander stellen. Wir seien einander ›gegeben‹, so Mills, und müssten uns miteinander arrangieren. Das könne zwar im Einzelfall auch nachteilig sein, doch in erster Linie sei es ein hohes Gut, über einen Vorrat an Liebe zu verfügen, den wir uns nicht erst verdienen müssten und den wir selbst bei größeren Fehltritten nicht verlören.[6] Insbesondere gilt das in einer Zeit, in der der Drang zur Optimierung und Evaluierung immer mehr Lebensbereiche prägt, wie etwa die israelische Soziologin Eva Illouz in ihrer Studie *Warum Liebe weh tut*[7] beschrieben hat. Irgendwo einfach man selbst sein zu können und nicht nur der beste Treffer, den man in romantischen Beziehungen oft abgeben muss, weil man sich gefühlsmäßig im Dauerwettbewerb mit noch Besseren befindet, wird vielleicht zum wahren Glück.

Weiter zwingt uns die Unfreiwilligkeit der Familienbande dazu, uns zu arrangieren mit dem, was wir vorfinden. Das kann als Freiheitsberaubung angesehen werden – jedoch auch als eine Art Trainingslabor für geistige Offenheit. Denn in der großen weiten Welt können wir einander zumeist aus dem Weg gehen und unsere Zeit nur mit ein paar wenigen uns Gleichgesinnten zubringen. Unsere Wegbegleiter wählen wir meist aufgrund von Sympathie, was dazu führt, dass wir oftmals wie in Filterblasen in unserer eigenen kleinen Subkultur leben und die bunte, widerständige Welt nach draußen verbannen. Eine Gesellschaft, in der wir einander weitgehend aussuchen können und uns nur mit unseresgleichen ins innere Clubhaus zurückziehen, in welchem wir uns fortan lediglich gegenseitig in dem bestätigen, was wir immer schon glaubten und wussten, ist aber stets auch eine Gesellschaft »zur Förderung der Beschränktheit«, wie der englische Schriftsteller Gilbert Keith Chesterton formulierte.

In der Familie können wir einander jedoch genauso wenig wie in der Enge des Dorfes oder im Verein wählen, noch können wir uns wirklich aus dem Weg gehen. Das macht Begegnungen und vor allem Auseinandersetzungen manchmal fürchterlich anstrengend, aber auch wunderbar horizonterweiternd. Die gesamte Anstrengung des modernen Menschen richte sich zwar darauf, so Chesterton, aus der Straße, dem Dorf, der Familie, in der er lebt, herauszukommen. Denn das bereits Vertraute erscheint ihm langweilig, engstirnig, borniert. Doch in Wahrheit fliehen wir aus unserem Dorf wie aus unserer Verwandtschaft, sagt Chesterton, weil sie viel zu aufregend seien. Denn in jeder Großfamilie finden sich komische, sonderbare oder sogar unsympathische Menschen, die uns herausfordern in unseren Überzeugungen, die unser Weltbild in Frage stellen. Allein in meiner großen Familie finden sich Strenggläubige ebenso wie Atheisten, Rechtskonservative und pointiert Linke, Angepasste und Aussteiger. Nur wenigen unter ihnen wäre ich in meinem realen Leben je begegnet, und nicht alle würde ich als meine Freundinnen und Freunde wählen. Einige von ihnen werden dieses Buch vermutlich mit Grauen lesen, oder lesen gar keine Bücher. Aber genau daraus bestehen das Leben und seine Auseinandersetzungen. Die Weggefährten, die ich mir selbst aussuche und die ich, wenn ich mich verändere, oftmals auch wieder austausche, tun mir zwar gut, weil sie mich in dem bestätigen, was ich jeweils bin und was ich denke. Aber sie machen mir wenig geistige Konkurrenz, locken mich nicht aus der Reserve, fordern mich nicht heraus, mich mit ihren vollkommen anderen Perspektiven zu befassen. Und deshalb hat Chesterton recht, wenn er schreibt: »Was wir an unseren Nachbarn fürchten, ist nicht die Beschränktheit ihres Horizontes, sondern ihr fantastischer Hang, ihn zu erweitern.«[8] In dieser Hinsicht ist Familie wie Nachbarschaft: Sie verursacht Reibung, greift in die Speichen der eigenen Werthaltungen und Überzeugungen und ist gerade deshalb voller Reichtum.

Es liegt also mit guten Gründen in unserem eigenen Interesse, uns um eine geklärte, wohlwollende Verbindung zu unseren Eltern zu bemühen, denn eine glückliche Familie kann massiv zu einem guten, sinnhaften Leben beitragen. Doch sollen es wirklich nur Überlegungen mit Blick auf das eigene gute Leben sein, die uns Grund geben, uns um unsere Eltern zu bemühen und daran zu arbeiten, dass unsere Familienbeziehung glückt? Erschöpft sich das Nachdenken über die Frage, wie sich Kinder ihren Eltern gegenüber verhalten sollen, tatsächlich bereits im Nachdenken über filiale Pflichten auf der einen Seite und dem Bedenken des Eigeninteresses auf der anderen Seite?

Ich meine: Nein. Denn wir haben mit diesen beiden Blickwinkeln noch immer nicht das ganze Terrain der Ethik der Eltern-Kind-Beziehung ausgelotet. Zwar ist es wichtig, auf der einen Seite darauf hinzuweisen, welche Kosten eine Abkehr von der Familie mit sich bringen kann, und was Kinder verlieren, die keine Familie mehr haben. Deshalb habe ich in diesem letzten Kapitel die Perspektiven des Eigeninteresses und des geglückten Lebens ins Spiel gebracht. Die Frage nach einer möglichen Verpflichtung auf der anderen Seite ist noch fundamentaler, und deshalb habe ich in diesem Buch mein Hauptaugenmerk auf sie gerichtet. Der Rahmen unserer Verpflichtungen steckt all das ab, was wir erfüllen, liefern und leisten sollen – und wofür wir uns bei Nichterfüllung entschuldigen müssen. Doch auch wenn wir die Frage nach der Pflicht geklärt haben und uns als Töchter und Söhne bezüglich der Beziehung zu unseren Eltern in vielerlei Hinsicht von einem schlechten Gewissen befreien dürfen, bleiben wir womöglich ratlos oder unbefriedigt zurück. Denn offenbar erschöpft sich die Frage, wie wir uns unseren Eltern gegenüber verhalten sollen, nicht in der Diskussion darüber, was wir ihnen schuldig sind oder was für uns von Vorteil wäre – vielmehr fragen wir uns auch noch in einem umfassenderen Sinn, *was es heißt, eine gute Tochter, ein guter Sohn zu sein.*

Eines ist dabei klar: Das Glücken dieser Beziehung hängt, wie wir gesehen haben, nicht nur von äußeren Faktoren, sondern auch vom Verhalten der in ihr vereinten ab. Da nun aber viele die Sehnsucht nach einer geglückten Familienbeziehung in sich tragen, möchten wir auch am Ende des Tages in den Spiegel blicken und zu uns selbst sagen können, dass wir unseren Teil zu diesem Glücken beigetragen haben. Nicht weil wir *mussten*, sondern weil wir *wollten – weil zum guten Leben nicht allein die Moral und das Abarbeiten von Schuldigkeit gehören, sondern ebenso das Geschick, Beziehungen gekonnt zu führen und in dem, was wir uns vornehmen, erfolgreich zu sein.*

Es geht also, mit anderen Worten, nicht allein um die brave Tochter, die eisern ihre Pflichten erfüllt, sondern mindestens ebenso um die gute Tochter, die sich von sich aus fragt, was sie zum Glücken ihrer Beziehungen beitragen kann.

Philosophisch gesprochen, betreffen diese Fragen die Perspektive der *Tugendethik*. Diese erweitert das Repertoire der Moral, die in einem eng verstandenen Sinn vor allem mit Rechten und Pflichten operiert, um ein umfassenderes Verständnis von Ethik, das den Blick darauf lenkt, wie wir das Beste aus einer Sache machen und das Beste in uns selbst verwirklichen. Philosophen wie Aristoteles, Seneca und Montaigne haben sich beispielsweise gefragt, was ein guter Freund ist, worin also sein Können besteht oder wie sich sein Charakter zeigt, den er auch in Krisen nicht ablegt. Ähnliche Fragen stellen wir uns auch beim Nachdenken über Liebesbeziehungen: Wir fragen sicher nicht nur danach, was sich zwei Liebende schulden und wozu sie berechtigt sind, ob sie also beispielsweise fremdgehen dürfen und ob sie den Seitensprung beichten müssen. Sondern wir fragen uns ebenso, wie überhaupt eine Liebesbeziehung gelingt: Wie schafft es ein Paar nach einem Seitensprung zusammenzubleiben? Welches Vermögen haben zwei Liebende, die sich auch nach Jahrzehnten noch anziehend und interessant finden? Und genauso können wir natürlich auch in Bezug auf Familien fragen: Wie holen wir das Schönste und Beste für uns alle aus dieser Beziehung heraus, wie gelingt sie langfristig? Was tut und lässt eine gute Tochter, von der wir sagen würden, sie beherrsche die Kunst des Tochter-Seins? Was ist ein guter Sohn, den wir bewundern für die Souveränität, mit der er seine Rolle ausfüllt, für die Charakterstärke, die er in stürmischen Zeiten beweist? Worin also zeigt sich, dass ein Kind ein ›gutes

Kind‹ ist – genauso wie man eine gute Mutter, ein guter Vater, eine gute Taufpatin, ein guter Bruder sein kann?

Wie schon das berühmte Tolstoi-Zitat zum Ausdruck brachte, lässt sich nur wenig Allgemeines über Familienbeziehungen sagen, wenn es um deren Unglück geht; ihr Scheitern kann sich in ganz unterschiedlichen Weisen zeigen. Dennoch dürfte es im Rückblick auf das bisher Gesagte möglich sein, ein paar allgemeine Punkte festzuhalten, die gute Kinder im Blick haben sollten, wenn sie dem Familienheil Sorge tragen wollen und ihnen am Glücken dieser Beziehung liegt. So ist das gute Kind *erstens* sicherlich eines, das sich der spezifischen Verletzlichkeit, die Eltern ihm gegenüber haben, bewusst ist. Es hat deren beziehungsbasierte Verletzlichkeit stets vor Augen, wenn es sich fragt, wie es sich verhalten soll. Wie wir gesehen haben, heißt das ganz und gar nicht, dass es alle Ansprüche der Eltern gehorsam erfüllen müsste. Die Wünsche der Eltern nicht zu erfüllen, ihre Hoffnungen zu enttäuschen, ist eben gerade keine Verletzung einer moralischen Pflicht. Die Eltern aber leichten Herzens oder aus banalen Gründen zu enttäuschen, ist ebenso kritikwürdig. Es entspricht nicht dem, was gute Kinder tun. Das gute Kind bedenkt vielmehr, was verletzend sein könnte, und versucht, rücksichtsvoll zu handeln, wenn es das kann, ohne sich dabei selbst aus dem Blick zu verlieren.

Das gute Kind ist sich nämlich *zweitens* im Klaren darüber, welche Bedeutung es für seine Eltern vermutlich immer noch hat. Eltern und Kinder können sich selbstredend in Frieden auseinanderleben; das aber dürfte äußerst selten der Fall sein. Kinder und ihre Eltern sind eben in vielerlei Hinsicht eine Art ›Schicksalsgemeinschaft‹: Sie haben sich nicht gewählt, sondern Schicksal oder Zufall haben sie zusammengebracht als die, die sie nun einmal sind. Das ist anderen Situationen gar nicht so unähnlich, in denen Menschen allein durch ein gemeinsames Erlebnis zusammengeführt und als Gruppe konstituiert werden. Stellen wir uns etwa einen kleinen Kreis von vier Personen vor, der einen Flugzeugabsturz überlebt. Weit über zweihundertfünfzig Passagiere sind tot, die Crew ebenso, nur die vier Fluggäste hatten Glück. Und nur sie teilen von nun an auch die Erinnerung daran, was unmittelbar vor dem Absturz passiert ist, die Erinnerung an die Panik, den Aufprall, die Stille danach. Sie treffen sich regelmäßig und sprechen über das Erlebte, helfen einander über das erste schwere Jahr hinweg, trösten einander im Verlust von Verwandten und Freunden durch die Katastrophe. Doch mit der Zeit hat eine der vier keine Lust mehr auf die Treffen. Sie kommt von allen Überlebenden am besten klar mit dem Geschehenen, und die anderen drei interessieren sie über das gemeinsame Erlebnis hinaus nicht sonderlich. Dennoch nimmt sie weiter an den Verabredungen teil und bricht den Kontakt nicht ab – weil sie versteht, dass sie für die Gruppe wichtig ist. Sie ist nicht verpflichtet, den Kontakt weiter zu pflegen, niemand hat einen berechtigten Anspruch auf ihre Präsenz. Und dennoch würden wir sagen: Es ist mehr als nur freundlich von ihr, weiter zu den Treffen mit den anderen drei zu gehen. Sie hat einfach verstanden, wie wichtig sie für die Gruppe ist, und diese Feinfühligkeit ist bewundernswert.

Drittens ist das gute Kind eines, das nicht nur seine Eltern, sondern auch sich selbst achtet und seine eigenen Bedürfnisse erkennt. Menschen, die sich aufgeben, sich ausbeuten lassen und sich selbst nicht achten, bewundern wir selten – es sei denn, sie werden in diese Lage gezwungen und ertragen ihr Schicksal ohne Murren. Doch da wir einander ja bekanntlich ewig helfen können und der Güte und dem Wohlwollen keine Schranken gesetzt sind, können wir auch das entwickeln, was landläufig als ›Helfersyndrom‹ bezeichnet wird, und wer unter einem solchen leidet, erntet meist wenig Bewunderung. Wir haben im Kapitel über die Verletzlichkeit gesehen, dass das Gefühl, einander zur Hilfe verpflichtet zu sein, gerade in Familienbeziehungen überfordernd ausfallen kann, da es schwierig ist, sich vom Leid und der Hilflosigkeit naher Familienangehöriger abzugrenzen. Das gilt im Übrigen nicht nur hinsichtlich der Frage, wie sehr Kinder ihre alternden Eltern unterstützen müssen, sondern auch für viele Eltern, die sich aufopfernd um ihre Kinder oder auch in vielen Fällen um ihre Enkelkinder kümmern. Wie ich bereits gesagt habe, ist die gegenseitige Fürsorge, das Gefühl, gebraucht zu werden und sich einander liebevoll zuzuwenden, eine höchst beglückende Erfahrung, die viele Menschen mit gutem Grund nicht missen möchten. Aber übersteigen die Erwartungen des Gegenübers das Maß, das man aus freien Stücken zu schenken bereit ist, können diese Erwartungen auch qualvoll und überfordernd sein. Und das gerade in Familien, in denen sich viele aufgrund der geteilten Beziehung auf keinen Fall im Stich lassen möchten. Es war gerade Immanuel Kant, den ja viele als den Moralisten schlechthin abtun, der immer wieder auf die Gefahr der Überforderung des Helfenden hinwies: Kant warnte, dass zwar im Sinne eines tugendhaften, anständigen Lebens von uns allen verlangt sei, einander zu helfen, dass unsere Hilfsangebote jedoch nie die Grenze überschreiten sollten, hinter der wir uns selbst nicht mehr respektieren können, sondern uns wie eine Marionette von den Bedürfnissen anderer fremdbestimmen ließen, bis wir schließlich vor lauter Selbstaufopferung anderen zur Last fielen.[9]

Das gute Kind ist sich *viertens* bewusst, dass Familie ein Geflecht ist. Wir sind in einer Familie selten allein mit unseren Entscheidungen, wir tangieren mit jeder von ihnen meist auch andere Personen. Verkracht sich eine Tochter mit ihrem Vater, wird das auch ihre Mutter, ihre Geschwister und ihre eigenen Kinder betreffen; plaudert ein Sohn das gut gehütete Geheimnis seiner Mutter aus, beschämt das seinen Vater oder die Enkel unter Umständen ebenso. Was nicht heißt, dass wir aufgrund solcher Verflechtung verpflichtet wären, unter allen Umständen auf die Belange der Familie Rücksicht zu nehmen. Wie wir gesehen haben, ist es zuweilen notwendig, sich über die Verletzlichkeit anderer Familienmitglieder hinwegzusetzen, und es ist gerade die Verstrickung der gegenseitigen Biographien, die Familiengeheimnisse oft so kompliziert und fürchterlich für alle Beteiligten macht. Liegt einem aber an guten Familienbeziehungen, gilt es zu bedenken, dass Streitigkeiten mit nur einer einzigen Person die anderen Familienmitglieder in Loyalitätskonflikte stürzen können, die das ganze System belasten. Das ohne Grund zu tun und sich die Notwendigkeit einer entsprechenden Aktion nicht gut zu überlegen, ist deshalb wenig löblich.

Eine gute Tochter oder ein guter Sohn können wir aber *fünftens* nur sein, wenn auf der anderen Seite auch gute Eltern stehen: erwachsene Personen, die ihrem Kind ihrerseits respektvoll und wohlwollend gegenübertreten. Wir haben im Kapitel über die relationale Verletzlichkeit gesehen, dass nicht nur Eltern ihren Kindern gegenüber verletzlich sind in Hinsicht auf Enttäuschung, Scham oder Ausbeutung, sondern dass es Kindern gegenüber ihren Eltern ebenso ergeht. Sehen Eltern die Anliegen ihrer Kinder nicht und gehen achtlos über deren Erwartungen hinweg, müssen sie sich nicht wundern, wenn Kinder irgendwann versuchen, sich in ihrer Verletzlichkeit zu schützen, und auf Distanz gehen. Zwar können Menschen in Beziehungen zuweilen über sich hinauswachsen und großherziger sein, als es das Gegenüber zu sein vermag – nur sehr wenige jedoch können das auf Dauer. Es ist eine Binsenwahrheit, aber zutreffend ist sie dennoch: Jede Beziehung ist ein Geben und ein Nehmen, die sich auf das Ganze gesehen die Waage halten müssen. Und jede Beziehung muss dem Gegenüber Raum lassen, sich weiterzuentwickeln. Wenn Max Frisch in seinem Theaterstück *Biografie. Ein Spiel* fragt: »Warum haben wir immer verkleinert. Ich dich, du mich. Wieso hat sich uns alles, was möglich wäre, so verkleinert«,[10] so spricht aus diesen Worten die große Verzweiflung darüber, dass Paare zuweilen nicht in der Lage sind, einander den Raum zu lassen, den sie beide brauchen, um sich weiterentwickeln zu können. Der Eltern-Kind-Beziehung wohnt diese Aufgabe fundamental inne, denn Kinder müssen, um erwachsen zu werden, zwangsläufig in allen Belangen ihres Lebens wachsen und sich verändern. Respektieren Eltern diese notwendige Entwicklung ihrer Kinder nicht, kann die Beziehung nicht gelingen. Das Kind findet dann einfach keine Rahmenbedingungen vor, in denen es überhaupt ein gutes Kind werden und sein kann.

Ich meine also: *dass Kinder ihren Eltern nichts schulden, dass sie sich aber bemühen sollen, gute Kinder zu sein*. Dies wird ihnen nicht immer gelingen, und vor allem kann niemand von uns in allen Bereichen bravourös sein; wir scheitern notgedrungen ein Leben lang immer wieder auch an den eigenen

Idealen. »Kein Mensch ist immer auf der Höhe seiner eigenen Leitlinien (...). Manchmal erreicht man nie das Niveau, auf dem man gern wäre«, schreibt Axel Hacke.[11] Das ist aber kein Drama. Tatsächlich haben wir Ideale ja überhaupt nur, um uns nach ihnen zu richten, und nicht, um sie in jedem Moment unseres Daseins zu erreichen.

Abgesehen davon, dass ich diese Konzeption der Ethik der Eltern-Kind-Beziehung für die überzeugendste halte, scheint sie mir auch am besten Raum zu schaffen für die schönen Dinge, um derentwillen wir persönliche Beziehungen überhaupt schätzen. Wenn wir aus freien Stücken in Beziehungen leben, dann verschenken wir unsere Zeit und unsere Zuwendung. Eigens nachhause reisende Kinder genießen das Weihnachtsfest mit ihren Eltern sicherlich mehr, wenn sie das aus eigenem Antrieb tun, als wenn sie zuvor polternd angerufen und mit Vorwürfen und Forderungen überschüttet wurden. Der Großvater im Edeka-Werbespot musste in der Presse zum Teil harte Kritik dafür einstecken, dass er seine Kinder durch einen makaberen Scherz zusammentrommelt. Hätte er sie jedoch vorwurfsvoll angerufen, wären die Kinder womöglich gar nicht gekommen. Vielleicht braucht es ja dann und wann eine Bitte mit Nachdruck, die uns alle aus unserem Alltagstrott löst und uns wieder die Bedürfnisse unserer Gegenüber wahrnehmen lässt. Und wenn wir uns zugleich vom Gedanken befreien, dass wir uns Anrufe, Besuche, Interesse *schulden*, können wir einander sogar als mündige Menschen freiwillig jene Aufmerksamkeit zukommen lassen, die unser Gegenüber zwar nicht einfordern sollte, aber vielleicht doch verdient hat. Die Zuwendung, die wir uns wünschen, wird umso reicher sein, je freier wir darin sind, sie aus freien Stücken zu schenken.

Es gibt also gute Gründe, uns genau zu überlegen, was wir aufgeben, wenn wir unsere Familienbeziehungen nicht wertschätzen und sorgsam pflegen. Denn unsere sonstigen Freunde sind nicht die bessere Familie. Sie sind gewiss nicht weniger kostbar. Doch Familie ersetzen sie nicht, wie das Nachdenken über Identität und Familiengeschichte gezeigt hat. Der familiäre »Beigeschmack von Wahrheit«, den Karl Kraus anmahnt, muss dabei keineswegs stets bitter sein. Ihre Bitterkeit verlieren die Familienbande aber nur dann, wenn wir uns unserer Verflechtung mit ihnen bewusst sind und sorgsam mit dieser umgehen. Von dieser Verflechtung handelt dieses Buch, das die Idee der Familie weder romantisiert noch als archaisches Konstrukt ablehnt. In einer Zeit, in der das Individuum gewohnt ist, sich selbst zu entwerfen, möglichst alles frei zu wählen und unabhängig den eigenen Weg zu gehen, wirkt Familie fast wie ein Anachronismus. Doch birgt die Herkunftsfamilie zugleich auch die Chance, sich in ihrer Nicht-Wählbarkeit und Unfreiwilligkeit bedingungslos angenommen zu fühlen.

Solche Nähe bleibt dabei immer eine Gratwanderung. Ein wunderbares Sinnbild dafür hat der Philosoph Arthur Schopenhauer im 19. Jahrhundert mit seiner Geschichte der Stachelschweine gefunden: Eine Gruppe von Stachelschweinen drängt sich an einem eiskalten Wintertag aneinander. Die Tiere frieren. Von entsetzlicher Kälte umgeben, rücken sie enger zusammen, um die wohlige Wärme der anderen zu spüren und sich so vor dem Erfrieren zu retten. Doch je näher sich die Tiere aneinanderschmiegen, desto stärker werden sie von den Stacheln der Nachbarn gepiekt. Da aber das Auseinanderrücken wieder mit Frieren verbunden ist, verändern sie ihren Abstand immer wieder von Neuem, bis sie endlich die erträglichste Entfernung zwischen zu viel Distanz und damit Kälte einerseits und zu viel Nähe und damit Schmerzen andererseits gefunden haben.[12] Für Arthur Schopenhauer war die Gruppe der Stachelschweine ein Gleichnis für unsere gesamte Gesellschaft.

Ich meine, das Bild passt auch ganz gut für die Familie.

DANK

Ich danke Judith Hardegger von der Redaktion Sternstunden beim Schweizer Radio und Fernsehen (SRF) für die Freiräume, die sie mir gewährt hat, um abseits vom Redaktionsalltag an diesem Buch arbeiten zu können. Dem Ethik-Zentrum der Universität Zürich danke ich für mein langjähriges Gastrecht, ebenso Markus Huppenbauer und dem Universitären Forschungsschwerpunkt Ethik für viele Jahre der Förderung.

Für lehrreichen philosophischen Austausch zum Thema danke ich Monika Betzler, Magdalena Hoffmann und Jörg Löschke, mit denen ich an der Universität Bern in einem vom Schweizerischen Nationalfonds (SNF) geförderten Projekt zur Ethik der Familienbeziehungen zusammengearbeitet habe. Für erhellende Gespräche und stete philosophische Inspiration danke ich immer wieder Peter Schaber, und für kluge Hinweise ebenso wie für seine heitere Gelassenheit in allen Phasen dieses Schreibprozesses Holger Baumann. Anna Engler, Stefan Riedener, Olivia Röllin, Urs Siegfried und Eva Weber-Guskar bin ich dankbar für hilfreiche Kommentare zu einzelnen Kapiteln.

Meinem Lektor Florian Kessler danke ich für seine akribische Lektüre und für seine Freundlichkeit in jedem Moment der Entstehung dieses Buches; einen besseren Lektor kann ich mir nicht wünschen. Heike Specht danke ich für ihre langjährige Unterstützung und wertvollen Ratschläge.

Von Herzen danke ich Susanne Boshammer, der ich viele wichtige Überlegungen und geistreiche Anregungen verdanke – nicht nur zu diesem Buch, sondern zum Schreiben und zur Philosophie überhaupt.

Und immer danken kann und will ich Jean-Daniel Strub für Nachsicht, Freiraum und steten Rückhalt.

ANMERKUNGEN

1 EINLEITUNG

1 Betrand Russell (1967): *Probleme der Philosophie*, Frankfurt a. M.: Suhrkamp, 138.
2 Ernst Tugendhat (1999): »Wie sollen wir Moral verstehen?«, in ders.: *Aufsätze 1992–2000*, Frankfurt a. M.: Suhrkamp, 164.
3 Beschluss des Bundesgerichtshofs BGH XII ZB 607/12.
4 Buch Exodus 20, 2–17 und Buch Deuteronomium 5, 6–21. Wozu das Eltern-Ehrgebot genau verpflichtet, wird nicht erläutert. Im Zentrum dürfte einerseits gestanden haben, dass die Eltern nicht herabgesetzt oder verhöhnt, dass sie andererseits aber auch im Alter von den eigenen Kindern versorgt werden. Eine ähnliche Anweisung findet sich in der alttestamentlichen Weisheitsliteratur (Buch Sirach 3, 12–13), wobei die theologische Forschung darauf hinweist, dass in der Bibel ebenso Stellen vorkommen, in denen Kinder ihre Eltern zugunsten der Verfolgung eines höheren Ziels verlassen – allen voran Jesus. Vgl. dazu Harry Jungbauer (2002): *Ehre Vater und Mutter. Der Weg des Elterngebots in der biblischen Tradition*, Tübingen: Mohr Siebeck. Auch der Koran kennt ein Eltern-Ehrgebot; es findet sich in Sure 17, Verse 23–24.
5 Siehe zum Beispiel Tina Solimann (2015): *Funkstille. Wenn Menschen den Kontakt abbrechen*, Stuttgart: Klett-Cotta.
6 Franz Kafka (1991): *Brief an den Vater*, Frankfurt a. M.: Fischer, 8.
7 Hannah Arendt (2007): *Vita activa oder Vom tätigen Leben*, München: Piper.
8 Bertrand Russell (1967): *Probleme der Philosophie*, Frankfurt a. M.: Suhrkamp, 138.

9 »(A)uch ich glaube, Du seist gänzlich schuldlos an unserer Entfremdung. Aber ebenso gänzlich schuldlos bin auch ich. Könnte ich Dich dazu bringen, dass Du das anerkennst, dann wäre – nicht etwa ein neues Leben möglich, dazu sind wir beide viel zu alt, aber doch eine Art Friede (…)«, in: Franz Kafka (1991): *Brief an den Vater*, Frankfurt a. M.: Fischer, 6.

2 SCHULD

1 Dieter Thomä (2002): *Eltern. Kleine Philosophie einer riskanten Lebensform*, München: C.H.Beck, 83.
2 Aristoteles: *Nikomachische Ethik*, IX, 1163b–1165a.
3 Thomas von Aquin: *Summa Theologica*, 34, 2a2ae.
4 Vgl. Jane English (1979): »What Do Grown Children Owe Their Parents«, in: Onora O'Neill und William Ruddick (Hrsg.): *Having Children: Philosophical and Legal Reflections on Parenthood*, New York: Oxford University Press, 351–356, 354.
5 Jan Narveson (1987): »On Honouring Our Parents«, *Southern Journal of Philosophy*, 25 (1), 65–78, 73.
6 Peter Weiss (1961): *Abschied von den Eltern*, Frankfurt a. M.: Suhrkamp, 95 f.
7 Vgl. dazu Philippe Ariès, der mit seiner *Geschichte der Kindheit* (1960) die Kindheitsforschung maßgeblich vorantrieb.
8 Vgl. dazu auch Heribert Prantl (2017): *Kindheit. Erste Heimat*, München: Ullstein, 27–35.
9 Von diesem Glück und Lebenssinn schreibt bspw. Bertrand Russell (1982) in *Eroberung des Glücks* (Frankfurt a. M.: Suhrkamp, 135). Eine ausführliche Diskussion der Frage, was Eltern ihren Kinder schenken, findet sich bei Dieter Thomä (2002) in Kapitel V seines Buches *Eltern. Kleine Philosophie einer riskanten Lebensform*, München: C.H.Beck.
10 Maria Montessori (1987): *Kinder sind anders*, München: dtv, 21.
11 Vgl. dazu die Arbeiten von Norman Daniels, bspw. (1988): *Am I My Parents' Keeper?*, Oxford: Oxford University Press.
12 Beschluss des Bundesgerichtshofs BGH XII ZB 607/12.

3 DANKBARKEIT

1 Franz Kafka (1996): *Tagebücher 1914–1923*, Frankfurt a. M.: Fischer, Eintrag vom 12. November 1914.

2 Vgl. z. B. http://www.huffingtonpost.de/2016/01/14/studie-wie-dankbarkeit-das-gehirn-veraendert_n_8960762.html (letzter Zugriff: 26.10.17).

3 https://www.youtube.com/watch?v=BYvUm1YJBS3 (letzter Zugriff: 11.10.17).

4 Eine Pflicht zur Dankbarkeit gegenüber Gott kennen alle Weltreligionen. Martin Luther bezeichnet die Dankbarkeit Gott gegenüber sogar als die wesentliche christliche Haltung. Da die meisten Christen glauben, von einem personalen Gott erschaffen worden zu sein, werden sie auch ermutigt, ihren Schöpfer zu loben und ihm dankbar zu sein, was sich in einer Vielzahl an religiösen Dankesliedern niederschlägt.

5 Zur Unterscheidung zwischen propositionaler und präpositionaler Dankbarkeit siehe bspw. Sean McAleer (2012): »Propositional Gratitude«, *American Philosophical Quarterly* 49 (1), 55–66.

6 Immanuel Kant (1990): Eine *Vorlesung über Ethik*, Frankfurt a. M. Fischer. Vgl. dazu auch Thomas von Aquin in seiner *Summa Theologica*, II-II, 104, 1.

7 Das Beispiel findet sich in Richard David Precht (2011): *Warum gibt es alles und nicht nichts?*, München: Goldmann, 144 ff.

8 Arthur Schopenhauer (1977): *Parerga und Paralipomena II*, Erster Teilband, Zürich: Diogenes, Kap. 12.

9 Franz Kafka (1991): *Brief an den Vater*, Frankfurt a. M.: Fischer, 42.

10 Amy Chua (2011): *Die Mutter des Erfolgs. Wie ich meinen Kindern das Siegen beibrachte*, Zürich: Nagel & Kimche.

11 Die Einteilung findet sich bei Aristoteles in der *Nikomachischen Ethik*, II, 1106a–1107a.

12 Vgl. z. B. Jeffrey Blustein (1982): *Parents and Children: The Ethics of the Family*, Oxford: Oxford University Press, oder Mark Wicclair (1990): »Caring for Frail Elderly Parents: Past Parental Sacrifices and the Obligations of Adult Children«, *Social Theory and Practice* 16 (2), 163–189.

13 Für ein solches Konzept siehe Christopher Heath Wellman (1999): »Gratitude as a Virtue«, *Pacific Philosophical Quarterly*, 80, 284–300, sowie Julia Driver (1992): »The Suberogatory«, *Australasian Journal of Philosophy*, 70 (3), 286–295.

14 So auch Jeffrey Blustein (1982): *Parents and Children: The Ethics of the Family*, Oxford: Oxford University Press, oder Fred Berger (1989): »Gratitude«, in: Christina Hoff Sommers und Fred Sommers (Hrsg.): *Vice and Virtue in Everyday Life. Introductory Readings in Ethics*, San Diego: Harcourt Brace Jovanovich, 193–208.

15 Dies ist freilich strittig. Libertäre Philosophen wie bspw. Jan Narveson bezweifeln, dass es je Pflicht sein kann zu helfen. Die meisten Philosophen anerkennen jedoch die Geltung von Hilfspflichten. Vgl. dazu meine Ausführungen in *Pflichten auf Distanz. Weltarmut und individuelle Verantwortung*, Berlin/New York: De Gruyter 2010, Kap. 5.

16 Simon Keller (2015): »Vier Theorien filialer Pflichten«, in: Monika Betzler und Barbara Bleisch (Hrsg.): *Familiäre Pflichten*, Frankfurt a. M.: Suhrkamp, 231–259, 239.

17 Zitiert nach Dieter Thomä (2002): *Eltern. Kleine Philosophie einer riskanten Lebensform*, München: C.H.Beck, 13.

18 Vgl. dazu Jeffrey Blustein (1982): *Parents and Children: The Ethics of the Family*, Oxford: Oxford University Press, 182.

19 Vgl. A. John Simmons (1979): *Moral Principles and Political Obligations*, Princeton: Princeton University Press.

20 Christina Hoff Sommers (1986): »Filial Morality«, *The Journal of Philosophy*, 83 (8), 439–456, 449.

4 FREUNDSCHAFT

1 Alexander Nehamas (2017): *Über Freundschaft*, München: dtv.

2 Kurt Tucholsky (2006): *Schloß Gripsholm*, Stuttgart: Reclam, 71.

3 Diane Jeske (2001): »Friendship and Reasons of Intimacy«, *Philosophy and Phenomenological Research*, 63, 329–346; Samuel Scheffler (2001): *Boundaries and Allegiances. Problems of Justice and Res-*

ponsibility in Liberal Thought, Oxford: Oxford University Press; Jay Wallace (2012): »Duties of Love«, *Proceedings of the Aristotelian Society*, Supplementary Volume (LXXXVI), 175–198.

4 Kurt Tucholsky (2006): *Schloß Gripsholm*, Stuttgart: Reclam, 71.

5 Jane English (1979): »What do Grown Children Owe Their Parents«, in: Onora O'Neill und William Ruddick (Hrsg.): *Having Children: Philosophical and Legal Reflections on Parenthood*, New York: Oxford University Press, 351–356.

6 Dies meint beispielsweise Samuel Scheffler (2001): *Boundaries and Allegiances, Problems of Justice and Responsibility in Liberal Thought*, Oxford: Oxford University Press, 97–110. Einige Philosophen ziehen es vor, an dieser Stelle nicht von Pflichten, sondern von Gründen zu sprechen. Die Unterscheidung und Wechselwirkung zwischen moralischen Gründen und Pflichten ist philosophisch umstritten, für dieses Buch aber nicht entscheidend.

7 Vgl. Harry G. Frankfurt (2005): *Gründe der Liebe*, Frankfurt a. M.: Suhrkamp.

8 Aristoteles: *Nikomachische Ethik*, VIII, 1158b sowie 1161b-1162a.

9 Immanuel Kant (1968): *Metaphysik der Sitten*, in: ders.: *Werke in zehn Bänden*, hsrg. von Wilhelm Weischedel, Band 7, Darmstadt: WBG, 394.

10 Susann Sitzler (2014): *Geschwister. Die längste Beziehung des Lebens*, Stuttgart: Klett-Cotta, 14.

11 Diese Einteilung findet sich bei Jan Narveson (1991): »Collective Rights?«, *Canadian Journal of Law and Jurisprudence* 4 (2), 329–345.

12 Vgl. Samuel Scheffler (2001): *Boundaries and Allegiances. Problems of Justice and Responsibility in Liberal Thought*, Oxford: Oxford University Press, Kapitel 3.

13 John Locke (1977): *Zwei Abhandlungen über die Regierung*, Frankfurt a. M.: Suhrkamp.

14 Harry G. Frankfurt (2005): *Gründe der Liebe*, Frankfurt a. M.: Suhrkamp.

15 Wolfgang Herrndorf (2013): *Arbeit und Struktur*, Berlin: Rowohlt, 433.

16 Michel de Montaigne (2008): *Von der Freundschaft und andere Essais*, Frankfurt a. M.: Fischer.

5 VERWANDTSCHAFT

1 Cicero (2014): *Laelius über die Freundschaft (Laelius de amicitia)*, Kap. 19, aus dem Lateinischen übersetzt und herausgegeben von Marion Giebel, Stuttgart: Reclam, 15.

2 Zur Geschichte der Blutsverwandtschaft siehe Christopher H. Johnson et al. (2013) (Hrsg.): *Blood and Kinship. Matter for Metaphor from Ancient Rome to the Present*, New York/Oxford: Berghahn Books.

3 In der Bundesrepublik Deutschland wurde dieses Familienbild auch im Grundgesetz (Art. 6) verankert. Vgl. dazu Andreas Bernard (2014): *Kinder machen. Neue Reproduktionstechnologien und die Ordnung der Familie*, Frankfurt a. M.: Fischer.

4 Vgl. David Velleman (2005): »Family History«, *Philosophical Papers* 34 (3), 357–378.

5 Das Bundesverfassungsgericht entschied 1989, dass es zum Persönlichkeitsrecht gehört, die eigene Abstammung zu kennen.

6 David Archard (1995): »What's Blood Got To Do With It? The Significance Of Natural Parenthood«, *Res Publica* 1 (1), 91–106, Abschnitt VI.

7 Sally Haslanger (2009): »Family, Ancestry and Self: What is the Moral Significance of Biological Ties?«, *Adoption & Culture* 2, 91–122, 103.

8 Immanuel Kant (1968): »Beantwortung der Frage: Was ist Aufklärung?«, in: ders.: *Werke in zehn Bänden*, hsrg. von Wilhelm Weischedel, Band 9, Darmstadt: WBG, 53–61.

9 Pierre Bourdieu (1982): *Die feinen Unterschiede. Kritik der gesellschaftlichen Urteilskraft*, Frankfurt a. M.: Suhrkamp, 171–210.

10 Sandra Konrad (2013) befasst sich in ihrem Buch *Das bleibt in der Familie. Von Liebe, Loyalität und uralten Lasten* (München, Piper) mit dem Phänomen der Weitergabe von Traumata.

11 Peter Weiss (1961): *Abschied von den Eltern*, Frankfurt a. M.: Suhrkamp, 7.

12 Sacha Batthyany (2016): *Und was hat das mit mir zu tun?*, Köln: Kiepenheuer & Witsch.

13 http://www.nzz.ch/feuilleton/buecher/die-verbrechen-der-verwandten-118717768 (letzter Zugriff: 29.8.17).

14 Sabine Bode (2013): *Die vergessene Generation. Die Kriegskinder brechen ihr Schweigen*, Stuttgart: Klett-Cotta, 286.

15 Dieses Bild findet sich in Thomas Hobbes (1967): *Vom Bürger*, Neuwied/Berlin: Luchterhand, 16.

16 Vgl. dazu Catriona Mackenzie und Natalie Stoljar (2000) (Hrsg.): *Relational Autonomy. Feminist Perspectives on Autonomy, Agency, and the Social Self*, Oxford: Oxford University Press.

17 Charles Taylor (1985): »Atomism. Philosophy and the Human Sciences«, *Philosophical Papers* 2, 187–210.

18 Michael Sandel (^{2}1996): *Liberalism and the Limits of Justice*, Cambridge: Cambridge University Press, 50 ff.

19 Iris Murdoch (1980) *Nuns and Soldiers*, übersetzt von Beate Rössler in ihrem Buch *Autonomie. Ein Versuch über das gelungene Leben*, Frankfurt a. M.: Suhrkamp 2017, 16.

20 Für eine Diskussion dieser These siehe Beate Rössler (2017): *Autonomie. Ein Versuch über das gelungene Leben*, Frankfurt a. M.: Suhrkamp.

21 David Foster Wallace (2012): *Das hier ist Wasser*, Köln: Kiepenheuer & Witsch.

22 Vgl. dazu die Einleitung von Monika Betzler und Barbara Bleisch in dies. (2015) (Hrsg.): *Familiäre Pflichten* Frankfurt a. M.: Suhrkamp.

23 Dankesrede Barack Obama, https://www.youtube.com/watch?v=yxKWEuQC84c (letzter Zugriff: 5.7.17)

24 Hannah Arendt (2007): *Vita activa oder Vom tätigen Leben*, München: Piper.

25 Tina Solimann (2015): *Funkstille. Wenn Menschen den Kontakt abbrechen*, Stuttgart: Klett-Cotta.

6 VERLETZLICHKEIT

1 Connie Palmen (2016): *Du sagst es*, Zürich: Diogenes, 158.

2 Annette Baier (1989): »Trusting Ex-Intimates«, in: George Graham und Hugh LaFollette (Hrsg.): *Person to Person*, Philadelphia: Temple University Press, 269–281, 271. (Deutsche Übersetzung des Zitats durch die Autorin.)

3 Navid Kermani (2016): *Sozusagen Paris*, München: Hanser, 66.

4 http://verlassene-eltern.de/VerlasseneEltern (letzter Zugriff: 17.12.15).

5 Vgl. dazu Alasdair MacIntyre (1999): *Dependent Rational Animals. Why Human Beings Need The Virtues*, Chicago: Open Court; Judith Butler (2004): *Precarious Life. The Powers Of Mourning And Violence*, London: Verso.

6 Aristoteles: *Nikomachische Ethik*, IX, 1169b.

7 Ob Eltern eine Pflicht haben, ihre Kinder zu lieben, oder ob Liebe nicht geboten werden kann, weil ihr stehts eine emotionale Komponente innewohnt, die wir nicht steuern können, ist Gegenstand einer größeren philosophischen Debatte. Vgl. dazu bspw. Matthew Liao (2006): »The Right of Children to Be Loved«, *The Journal of Political Philosophy* 14 (4), 420–440.

8 Vgl. dazu die Geschichten in Ursula von Arx (2013): *Liebe, lebenslänglich. Wie Eltern ihre Töchter oder Söhne sehen – und umgekehrt*, Zürich: Kein & Aber.

9 Alasdair MacIntyre (1987): *Der Verlust der Tugend. Zur moralischen Krise der Gegenwart*, Frankfurt a. M.: Campus, 54.

10 Hermann Hesse (1974): *Demian*, Frankfurt a. M: Suhrkamp, 160.

11 Vgl. dazu auch Michael Bordt (2017): *Die Kunst, die Eltern zu enttäuschen. Vom Mut zum selbstbestimmten Leben*, München: Elisabeth Sandmann.

12 Connie Palmen (2016): *Du sagst es*, Zürich: Diogenes, 158.

13 Zur Geschichte des Ideals der Authentizität siehe bspw. Charles Guignon (2004): *On Being Authentic*, London/New York: Routledge.

14 Immanuel Kant (1968): *Metaphysik der Sitten*, in: ders.: *Werke in zehn Bänden*, hsrg. von Wilhelm Weischedel, Band 7, Darmstadt: WBG, 394.

15 Vgl. dazu die Bücher von Tina Solimann: *Funkstille* (2001) und *Der Sturm vor der Stille* (2014), beide erschienen bei Klett-Cotta, Stuttgart.

16 Elizabeth Brake (2011): *Minimizing Marriage*, Oxford: Oxford University Press.

17 Ob sich Kinder, die von ihren Eltern schlecht behandelt wurden, rechtlich von ihren Eltern trennen können sollten, diskutiert Laura M. Purdy in ihrem Aufsatz »Grenzen der moralischen Autorität und Verpflichtung. Dürfen sich Kinder von ihren Eltern scheiden lassen?«, in: Monika Betzler und Barbara Bleisch (2015) (Hrsg.): *Familiäre Pflichten*, Frankfurt a. M.: Suhrkamp, 308–340.

18 Vgl. Susan Moller Okin (1989): *Justice, Gender, and the Family*, New York: Basic Books.

19 Annette Baier (1989): »Trusting Ex-Intimates«, in: George Graham und Hugh LaFollette (Hrsg.): *Person to Person*, Philadelphia: Temple University Press, 269–281, 271. (Deutsche Übersetzung des Zitats durch die Autorin.)

20 Dazu auch Annette Baier (1989): »Trusting Ex-Intimates«.

21 Michael Collingridge und Seumas Miller (1997): »Filial Responsibilities and the Care of the Aged«, *Journal of Applied Philosophy*, 14 (2), 119–128, 123.

22 Simon Keller (2015): »Vier Theorien filialer Pflichten«, in: Monika Betzler und Barbara Bleisch (Hrsg.): *Familiäre Pflichten*, Frankfurt a. M.: Suhrkamp, 231–259.

23 Vgl. dazu schon Michael Stocker (1976): »The Schizophrenia of Modern Ethical Theories«, *The Journal of Philosophy* 73, 453–466.

24 Albert Camus (1997): *Tagebücher 1935–1951*, Reinbek: Rowohlt, 33.

25 Katja Thimm (2011): »Vaters Zeit«, *Der Spiegel* 15, 132–140, sowie *Vatertage. Eine deutsche Geschichte*, Frankfurt am Main: S. Fischer.

7 DAS GUTE KIND

1 Rüdiger Bittner (2015): »Große Kinder«, in: Monika Betzler und Barbara Bleisch (Hrsg.): *Familiäre Pflichten*, Frankfurt a. M.: Suhrkamp, 228.

2 Das Video ist abrufbar unter https://www.youtube.com/watch?v=V6-okYhqoRo (letzter Aufruf: 22.8.17)

3 Peter Weiss (1961): *Abschied von den Eltern*, Frankfurt a. M.: Suhrkamp, 7.

4 Jean-Paul Sartre (1989): *Ist der Existentialismus ein Humanismus?*, Frankfurt a. M.: Ullstein.

5 Byung-Chul Han (2010): *Müdigkeitsgesellschaft*, Berlin: Matthes und Seitz. Zum gleichen Thema siehe auch: Alain Ehrenberg (2008): *Das erschöpfte Selbst. Depression und Gesellschaft in der Gegenwart*, Frankfurt a. M.: Suhrkamp.

6 Claudia Mills (2015): »Pflichten gegenüber älter werdenden Eltern«, in: Monika Betzler und Barbara Bleisch (Hrsg.): *Familiäre Pflichten*, Frankfurt a. M.: Suhrkamp, 260–281.

7 Eva Illouz (2011): *Warum Liebe weh tut*, Frankfurt a. M.: Suhrkamp.

8 Gilbert Keith Chesterton (1998): *Eine Verteidigung der Orthodoxie gegen ihre Verächter*, Frankfurt a. M.: Eichborn, 178.

9 Immanuel Kant, *Metaphysik der Sitten*, Akademie Textausgabe Bd. VI, Berlin/New York: De Gruyter, 393.

10 Max Frisch (1969): *Biografie. Ein Spiel*, Frankfurt a. M.: Suhrkamp.

11 Axel Hacke (2017): *Über den Anstand in schwierigen Zeiten und die Frage, wie wir miteinander umgehen*, München: Kunstmann.

12 Arthur Schopenhauer (1977): *Parerga und Paralipomena II*, Zweiter Teilband, § 396, Zürich: Diogenes, 708 f.